진짜
암행
어사

우리가 몰랐던 이야기

진짜 암행어사

우리가 몰랐던 이야기

권기환 지음

보고사
BOGOSA

매일매일 출퇴근 시간에 대중교통을 이용하면서 책 읽는 것을 좋아합니다. 업무차 출장을 다닐 때도 가볍게 읽을 만한 책 한두 권은 꼭 챙기려고 합니다. 책 읽는 시간은 주변의 방해를 받지 않고 온전히 나 자신에게 집중할 수 있는 선물 같은 시간입니다. 가끔은 서점에 들러 혼자 책을 넘겨보면서 마음이 끌리는 대로 책을 고르는 건 삶의 작은 즐거움입니다. 최근에는 의도치 않게 책을 만날 수 있는 시간이 더 많아졌습니다. 예상하지 못한 코로나 19로 인해 거의 모든 약속과 모임이 사라지면서 이전보다 아침 일찍 일어나게 되거나 근무 시간 이후나 주말에 책을 볼 수 있는 시간이 더 늘어나게 된 것입니다.

우리나라 감사 기관의 역사와 감사인의 활약상은 오랫동안 관심과 궁금증의 대상이었습니다. 그렇지만 그것들을 알려주는 책은 별로 없었습니다. 그래서 직접 확인하고 공부해 보고 싶었습니다. 틈틈이 자료와 기록을 찾아보는 과정을 통해 조선왕조실록과 같은 우리 조상들의 역사 기록이 얼마나 위대한 것인지도 새삼 깨닫게 되었습니다.

우리나라 사람이라면 누구나 암행어사의 존재와 역할을 잘 알고 있습니다. 어릴 적부터 읽어 보거나 들어 본 고전 춘향전에 암행어사 이몽룡이 등장하기 때문일 것입니다. 그리고 암행어사 박문수 또한 위인전에 빠지지 않고 등장하는 단골 소재였습니다. 지금도 암행어사의 멋진 활약상은 드라마나 영화에 나오곤 합니다.

암행어사는 우리나라 조선에만 있던 고유한 제도였습니다. 그들은 나라를 다스리는 왕과 힘없는 백성 모두에게 특별한 존재였습니다. 왕은 백성의 어려움을 알아보고 지방 수령과 관리들을 몰래 조사할 목적으로 특별 사신인 암행어사를 파견하였고, 가난과 착취에 힘겨운 삶을 살던 백성들은 암행어사의 출현을 간절히 기원했습니다. 그러나 그들이 어떻게 임명되고 활동했는지 어려움과 고난은 없었는지 이런 진짜 암행어사에 대한 이야기는 그다지 알려진 것이 없습니다.

대부분의 암행어사는 정부 지원이 부족하고 교통과 숙박도 변변치 못한 어려운 상황에서도 낯선 지방을 수개월 동안 떠돌면서 묵묵히 자신의 업무를 수행했습니다. 그러나 때로는 암행에 실패하기도 했고, 임무를 제대로 수행하지 않아 도리어 처벌받거나 가짜 암행어사로 오해받기도 하고, 심지어 목적지로 가는 길에 만난 여성과 눈이 맞아 같이 도망가 버리기도 했습니다. 이 책은 민간 설화에 나오는 야담 수준에 그치는 게 아니라, 역사 기록에 나오는 진짜 암행어사의 성공과 실패를 이야기하고 있습니다. 또한 임무 수행을 위해 길을 떠난 모습을 기록한 암행어사 일기를 통해 실제 그들의 활동과 고충을 이해하는 것에도 도움이 되리라 생각합니다.

우리나라 감찰 기관의 역사는 천 년이 훌쩍 넘습니다. 신라 시대 사정부에서 시작되는 감찰 기관은 고려 어사대와 조선의 사헌부에 와서 전성기를 맞이하게 됩니다. 특히 사헌부는 내부 기율과 책임이 엄격했지만, 관리라면 일하고 싶은 곳이었습니다. 사헌부는 궁궐 내부의 일뿐만 아니라 사회 풍속을 단속하고 시장 물품까지도 점검하는 다양한 일을 수행했습니다. 그러다 보니 사헌부 관리들은 새벽부터 밤늦게까지 쉴 틈 없이 바쁘게 일하는 것으로 유명했습니다. 권력의 부패와 사회의 부조리를 견제하고 감시하는 감찰 기관은 부정부패를 막는 소금과 같은 존재였습니다.

그러나 어느 시절이나 올바르고 뼈아픈 소리는 누구나 듣기를 꺼리는 불편한 이야기일 수밖에 없습니다. 그렇지만 그들은 절대 권력인 국왕 앞에서도 목숨과 자리를 걸고 말했고, 자신들의 조직 수장에게도 부당함에 대해서는 조금도 물러서지 않았습니다. 이 책은 사헌부의 일하는 방식과 독특한 조직 문화, 다른 기관과의 협력과 갈등, 시련과 몰락 같은 감찰 기관의 활약을 그리고 있습니다.

이 책은 우리가 몰랐던 역사 속의 암행어사와 감찰의 진짜 모습을 찾아가는 여정을 담았습니다. 너무 자극적이거나 과장되지 않고 실제 역사 기록에 근거한 이야기를 썼고, 흥미롭게 읽을 수 있도록 쉽게 표현해 보려고 노력했습니다. 책을 사랑하는 마음으로 이 책을 고른 여러분의 선택에 걸맞은 알찬 내용이 되었기를 기대합니다.

책을 쓰는 기간은 가족의 소중함을 더 많이 느끼는 과정이었습니다. 아내와 아들 하준, 딸 하윤이에게 사랑한다는 말을 전합니다. 곁을 지켜주시는 어머니와 장인 장모님께도 사랑과 존경의 마음을 담아 감사 인사를 드립니다. 그리고 아들의 책이 나오게 된 사실을 알게 되면 누구보다 기뻐하셨을 아버지께도 보고 싶다는 말을 하고 싶습니다. 마지막으로 탁월한 안목으로 원고를 선택해 주고 세상에 책이 나올 수 있도록 도와준 보고사 관계자분들에게 진심으로 감사하다는 인사를 전합니다.

차례

제7장
신新 암행어사 일기

제1장

우리가 몰랐던
암행어사

암행어사 신화의 시작

허름하고 낡은 도포를 걸친 암행어사가 포졸을 이끌고 관아에 들어서자 방자가 크게 소리칩니다. "암행어사 출도요!" 깜짝 놀란 관아 사람들은 이리 뛰고 저리 뛰고 한바탕 난리가 납니다. 잠시 후 도망가다 잡혀서 끌려온 탐관오리 사또를 비롯해 모든 관리들이 관아 마당 앞에 포박당한 채 무릎 꿇고 있습니다. "네 죄를 네가 알렸다."

우리가 어디선가 많이 봤던 사극의 한 모습입니다. 춘향전의 이몽룡으로 대표되는 암행어사는 탐관오리를 혼내고 억울한 백성들의 고통을 해결해 주는 영웅과 같은 존재였습니다.

삼국시대부터 왕은 지방 수령의 행적을 몰래 알아보거나 백성들의 어려움을 살펴보기 위해 사신을 파견하였습니다. 조선 초기에도 사헌부의 관원을 보내는 것 이외에도 왕이 지방에 관리를 파견하기도 했습니다.

공식적인 기록상 암행어사라는 이름으로 처음 파견한 것은 1550년(조선 명종 5년)입니다. 그러나 실제 암행어사 파견은 그보다 앞섰는데, 1509년(조선 중종 4년) 11월에 이런 기록이 나옵니다. "근래 암행어사를 파견해 수령의 범죄를 적발하는 것은 편치 못한 일입니다." 이 말의 의미를 살펴보면, 이전에도 암행어사를 비밀리에 파견했다는 것을 추측할 수 있습니다.

암행어사는 이후 350여 년 동안 지속되었으며, 1881년(조선 고종 18년)에는 조사시찰단을 동래 암행어사로 임명하여 일본에 보내기도 했습니다. 메이지유신 이후 일본의 발전상을 직접 보고 조선의 개화 정책에 참고하기 위해서였습니다. 그들은 약 3개월간 일본에 머물면서 정부 기관과 산업 시설을 시찰한 후 보고서를 제출했습니다. 결국 암행어사는 1892년(조선 고종 29년) 전라도 암행어사 이면상 등과 1896년(조선 고종 33년) 경상도 암행어사 장석룡을 마지막으로 사라지게 됩니다.

역시 암행어사의 대명사는 조선 영조 시절 박문수(朴文秀)입니다. 박문수가 활약하는 설화는 조선 후기 『청구야담』, 『기문총화』 등 야담집에 10편 넘게 실려 있고, 설화집에는 삼백여 편이나 전해온다고 합니다. 인물 분야의 설화 중에서 가장 많은 얘기가 어사 박문수에 관한 것이라고 하니 대단합니다. 〈억울한 누명을 벗긴 박문수〉, 〈초립동의 원한을 갚아 준 박문수〉, 〈꼬마에서 멸시당한 박문수〉와 같은 것들 말입니다.

대표적인 암행어사 박문수 설화를 볼까요?

▲ 박문수 초상과 어사 교지 ⓒ문화재청

첫 번째 설화는 박문수가 과거 시험에 합격하기 전 이야기입니다. 박문수가 한 기생과 사귀어 서로 사랑하는 사이였답니다. 그런데 그 당시 관아에는 못생기고 늙어서 시집을 못 간 여자 하인이 있었답니다. 그 여자에게 남녀 사이의 사랑을 알게 해 준 사람은 커다란 복을 받을 것이라는 이야기를 듣고, 박문수가 그녀를 불쌍하게 여겨 이뻐해 줬다고 하네요. 나중에 박문수가 서울에 가서 과거 시험에 합격하고 암행어사가 되어 다시 마을로 돌아왔답니다. 그런데 원래 서로 사랑했던 기생은 박문수의 초라한 행색을 보고 문전박대하였으나, 여자 하인은 그를 정성껏 대접하였을 뿐만 아니라 지금껏 계속 그의 성공을 빌어 왔다고 하였습니다. 그 사실을 안 박문수는 당연히 감격하였겠죠. 이튿날 박문수는 사또가 베푼 잔치에 가서 온갖 멸시를 받다가 암행어사 출도를 외쳐 관리들을 처벌하였습니다. 그리고 기생에게는 벌을 주고 여자 하인에게는 큰 상금을 주었다고 하네요.

두 번째 설화는 박문수가 어사로 활동하던 시기의 이야기입니다. 박문수가 나라 안을 두루 살피며 돌아다니던 중에 날도 저물고 배도 고팠습니다. 우연히 오누이가 살고 있는 집에 들어가서 밥을 청하였더니, 양식이 없어 아버지 제사에 쓸 쌀로 밥을 지어 극진히 대접했답니다. 정성에 감격한 박문수가 집안 형편을 살펴보고는 그들에게 근심이 있는 것 같아 무슨 사정이 있는지 물어보았습니다. 그러자 소년이 말하길 본인이 어렸을 때 결혼을 약속한 처녀가 있었답니다. 그런데 아버지가 돌아가신 후 집안 사정이 어려워지자 결혼을 약속한 처녀가 내일 다른 곳으로 시집간다는 것이었습니다. 이튿날 아침 박문수가 꾀를 내어 그 처녀의 아버지를 굴복시켜 예전의 결혼 약속을 지키게 했답니다. 그리고 그 처녀에게 장가를 올 예정이던 신랑은 누이의 배필로 삼아, 같은 날 남매를 나란히 결혼시키고 재산도 나누어 주었다고 하네요.

어떤가요? 첫 번째 설화는 어딘가 우리가 많이 알고 있는 춘향전에서의 이몽룡 이야기와 비슷한 면이 많아서 흥미롭습니다. 그리고 두 번째 설화는 백성들의 개인적인 어려움인 결혼 문제까지 모두 해결해 주는 구원자의 모습과 비슷합니다.

설화 속 박문수는 마치 하늘에서 내려온 인물과 같습니다. 백성들이 당한 억울함을 풀어주고, 생활 속 어려움을 보살펴 줍니다. 암행어사 박문수 이야기가 끊임없이 새롭게 만들어지고, 지금까지도 계속 이어지는 것은 이런 정서적인 해방감 때문일 것입니다. 백성을 억압하고 수탈하는 탐관오리가 암행어사에게 꼼짝 못 하고, '암행어사 출도!'라는 외침에서 백성들은 통쾌함을 느낍니다. 이렇듯 암행어사는 힘없고 약한 민중에게는 희망과 구원의 존재였습니다.

설화는 민초들의 입에서 입으로 전승되면서 만들어진 이야기이기 때문에 설화 속 이야기를 그대로 믿기는 어렵습니다. 수많은 암행어사 이야기에 등장하는 박문수는 실존 인물 박문수 한 사람을 뜻하는 것이 아니라 많은 암행어사를 통칭한 것으로 보는 게 합리적일 겁니다. 백성들은 박문수 이름을 빌려 모든 암행어사 이야기를 하고 있는 거죠.

암행어사가 아닌 암행어사

실제로 박문수는 암행어사로 임명된 적이 없습니다. 박문수는 1727년(조선 영조 3년) 약 6개월간 영남 지역의 별견어사를 포함해 몇 차례 어사로 활동하였는데, 이것은 흉년에 굶주린 사람들을 보살피는 목적으로 감독과 순찰 의무를 띠고 파견된 것이었습니다. 물론 뛰어난 역할을 수행했습니다. 관아에 비축한 양식을 굶주린 백성들에게 나누어 주고 탐관오리를 처벌하는 커다란 성과를 거두어 백성들에게 큰 환영을 받았다고 합니다. 박문수가 암행어사였는지는 후대에도 계속 논쟁거리였던 것으로 보입니다. 1877년(조선 고종 14년) 4월 왕이 신하에게 물어보자, 대답합니다. "박문수는 오랫동안 암행어사로 있었는데, 그의 치적에 대해서 전해 오는 말이 많다고 들었다. 과연 그러한가?" "하오나 그의 집안 사람들의 말을 들어보면 그런 이야기는 듣지 못했다고 하니, 도리어 의아스럽습니다." 대답을 들은 왕도 이를 이상하게 여깁니다. "박문수의 집안에서는 그가 암행어사가 된 적이 없다고 말하니, 이상한 일이다."

1728년(조선 영조 4년) 3월 영남 지역 파견 임무를 마친 박문수는 결과를 보고합니다. "신이 명을 받들고 재를 넘어 여러 고을을 두루 다녔습니다. 오늘날 폐단이 천만 가지가 되어 있습니다. 특히 군역의 폐단이 가장 심하고, 절수(버려진 땅에 농사짓게 하고 관아에서 받는 세금)도 그에 못지않습니다. 먼저 절수를 없애고, 각 지역에 명령하여 사사로이 군에다 충당하지 못하도록 하소서." 영조는 박문수의 보고를 만족스럽게 여겨 흔쾌히 받아들였습니다.

영조는 일찍부터 박문수의 인간성과 능력에 호감을 가졌다고 합니다. 박문수는 까칠하고 비타협적인 성품으로 정적들의 정치적 공격에 시달렸지만, 그를 지지해 준 영조를 위해 평생 충실히 일했습니다.

박문수의 실제 성격을 알 수 있는 이야기가 있습니다. 1733년(조선 영조 9년) 1월 왕과의 회의 도중에 박문수가 언성을 높이고 임금의 얼굴을 똑바로 쳐다보았다고 합니다. 그 예의가 엄숙하지 못하다고 우의정이 박문수를 조사할 것을 요청했습니다. 그러자 박문수는 이렇게 반박합니다. "옛이야기를 보면 경연석에서 대신이 꿇어앉아 손을 가지런히 포개어 놓고 허리를 반만 구부리게 되어 있지, 일찍이 엎드리는 일은 없었습니다. 요즈음 조정의 정국이 자주 바뀌게 되어 조정의 신하들이 겁을 먹고 모두 코가 땅에 닿을 정도로 엎드립니다. 임금과 신하는 아비와 자식 같은 것인데, 아들이 아버지의 얼굴을 쳐다본다고 하여 도리어 무슨 손상이 되겠습니까? 이것이 조정의 체통을 잃은 것입니다."

박문수가 암행어사의 대명사로 자리 잡게 된 과정에는 영조의 몫도 컸다고 보입니다. 둘은 비록 임금과 신하의 군신관계였지만, 서로를 굳게 믿고 신뢰하는 돈독한 사이였습니다. 둘의 특별한 관계를 잘 보여주는 일화가 있습니다. 1736년(조선 영조 9년) 12월 박문수는 영조에 대해 쓴소리를 합니다. "임금께서는 똑똑함이 너무 지나치나 학식이 부족하여 작은 일은 살피지만 간혹 큰일을 잃기도 하십니다. 앞으로 긴급하지 않은 문서는 제거해 없애고 필요한 공부를 하시며, 전날의 잡다한 것을 버리신다면 국가를 계속 유지할 수 있을 것입니다. 제가 드리는 얘기는 낮이 지나고 밤을 새워도 다 말씀드릴 수 없으니, 어리석은 충정이 답답하게 맺힌 나머지 거의 미쳐버릴 것 같습니다." 신하가 임금에게 하기에는 굉장히 위험하고 무례할 수 있는 발언이었지만, 영조는 그냥 웃으면서 도리어 그를 칭찬하기까지 합니다. "박문수의 성품에 대해 사람들은 거칠다고 하지만, 나는 당연하다고 생각한다. 이후로 만약 말할 만한 것이 있으면 또 들어와서 말하라. 깊이 생각하고 널리 염려하여 일을 맡아 효과를 이루며, 백성들로 하여금 국가가 있음을 알게 하는 사람은 그대가 아닌가."

1756년(조선 영조 32년) 4월 박문수가 세상을 떠났을 때 조선왕조실록은 이렇게 기록하고 있습니다. "박문수는 일찍부터 이미 임금의 신임을 받았다. 나랏일에 대해서는 마음을 다하여 게을리하지 아니하여 많은 것들을 개혁하였다. 그가 죽자 임금은 슬픔이 컸다."

이후 영조는 박문수에 대한 애틋하고 그리운 마음을 표현했습니다. "아! 영성(박문수의 작위)이 나를 섬긴 것이 이제 이미 33년이다. 나의 마음을 아는 사람은 영성이며, 영성의 마음을 아는 사람은 나였다. 그리고 그가 언제나 나라를 위하는 충성이 깊었음을 나는 알고 있다. 아! 영성이 이미 갔으니 그 누가 나의 마음을 알 것인가?"

백성을 위한 정치를 하는 영웅의 출현을 바라는 바람이 그를 영원한 암행어사로 각인시키며, 박문수는 암행어사의 대명사로 자리 잡게 되었을 것입니다. 이런 인기를 바탕으로 해서 박문수를 주인공으로 하는 영화(《암행어사 박문수》, 1962년)와 TV 드라마(《어사 박문수》, 2002년)까지 만들어지기도 했습니다. 최근에는 웹

툰 만화(《신암행어사》, 2017년)로도 많은 인기를 끌었습니다.

한 가지 흥미로운 것은 박문수가 지금처럼 암행어사의 대명사가 된 것이 실제로 그가 활약한 조선 시대가 아니라 그 이후의 일이라는 점입니다. 그전에는 수많은 암행어사의 한 명에 불과했지만, 일제강점기인 1915년 발간된 소설 『박문수전』과 1970~1980년대 어린이 위인전집이 유행하면서 박문수가 지금과 같은 암행어사의 상징으로 본격적인 자리매김을 했다고 합니다.

암행에 실패한 암행어사

그렇다면 실제 암행어사들은 이름처럼 본인의 신분을 숨기는 데 성공했을까요? 놀랍게도 대부분의 어사들은 암행의 임무를 실패했습니다. 물론 암행에 실패한 것이지 감찰 업무에 실패한 것은 아니었습니다. 상당 부분 신분이 노출된 상태에서 암행어사 임무를 수행했다는 게 더 정확할 것 같습니다. 암행어사가 마을에 온다는 정보는 대부분 알려져 있었고, 지방 관리들은 사전에 어느 정도 대비하고 있었다고 합니다.

황해도 암행어사로 활동한 65일간의 행적을 일기로 기록한 박만정의 『해서암행일기(海西暗行日記)』를 볼까요? 어사 박만정은 어느 날 저녁때쯤 고지암이란 마을에 도착하게 됩니다. 그런데 마을 사람들이 이상할 만큼 낯선 사람들을 경계하고 있다는 것을

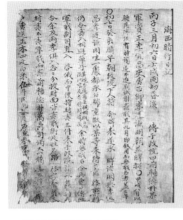

▲ 해서암행일기 ⓒ문화재청　　　　　▲ 해서암행일기 표지 ⓒ한국학중앙연구원

느끼게 됩니다. 그래서 이유를 알아보니까, 마을에 곧 어사의 방문이 있을 것이니 강의 큰 쏘가리를 속히 잡아들이라는 명령이 있었다고 합니다. 이에 크게 화가 난 박만정은 즉시 관아로 달려가서 백성들의 노동력을 징발하는 노역을 중단하라고 명령합니다. 이런 얘기만 봐도 암행어사가 방문할 것이라는 정보는 이미 노출되어 있었다는 걸 알 수 있습니다.

　비슷한 이야기는 평안도 암행어사였던 박래겸의 『서수일기(西繡日記)』에도 나옵니다. 암행어사로 임명되고 길 떠난 지 불과 3일째에 들른 주막에서 주인 노인이 어사 일행에게 말합니다. "들리는 소문에 곧 암행어사 행차가 있을 거라고 하던데, 아직까지 아무런 소식이 없는 게 이상합니다. 저 같은 사람이야 어사 행차 소식을 잘 알지 못하지만, 관리들이야 서울과 서로 통하니 암행어

24

사가 오는지를 틀림없이 이미 알고 있을 것입니다." 어사가 온다는 소문은 관리들뿐만 아니라, 일반 백성들에게도 관심의 대상이었던 것이 분명해 보입니다.

물론 암행의 임무를 맡은 암행어사가 신분이 노출되는 것은 문제였습니다. 1877년(조선 고종 14년) 4월 왕이 신하에게 이 문제를 물어봅니다. "근래에는 옛날과는 달리 암행어사가 한번 나가면 소문이 파다하여 사람들이 모두 미리 안다고 하니, 과연 어찌된 까닭인가?" "암행어사의 집에서 매번 쉽게 누설하곤 하며, 또한 역졸들이 누설하기도 합니다. 그런데 대개 암행어사의 동정과 모습을 살펴보면 저절로 알 수가 있습니다." 그러자 왕은 이를 걱정하며 말합니다. "행동거지가 다른 사람들과 아주 다르기 때문에 반드시 알아보는 것이다. 그렇지 않다면 어떻게 쉽게 알아차릴 수 있겠는가."

그러나 암행어사 제도가 활성화된 이후에는 마을에 낯선 선비 일행이 나타나면 사람들은 자연스레 혹시 암행어사가 아닌가 의심했다고 합니다. 지금과 달리 여행객이 거의 없던 시절이었던 만큼 외지 사람들을 경계했던 것은 어쩌면 자연스러운 일이었을 겁니다.

그렇지만 암행어사가 어떤 지역에 파견된 사실이 미리 알려졌다고 해서 암행어사 제도가 효과가 없다고 결론을 내리기는 어렵습니다. 지방 관리들은 암행어사가 언제 나타날지 모른다는 사실을 항상 의식하고 경계하고 있었기 때문에 쉽게 부정부패를 저지를 수 없었습니다. 암행어사는 그 존재 자체만으로도 충분히 의미가 있었습니다. 1455년(조선 세조 1년) 11월 왕은 지방에 어사를 파견하는 것이 비리 척결보다는 예방 효과에 중점을 두고 있다는 점을 강조합니다. "옛말에 '고양이를 기르는 집에는 쥐가 함부로 다니지 않는다.'라고 하였다. 어사가 비록 일일이 다 적발하지는 못하더라도 지역을 다니게 되면 탐욕스럽고 잔악한 무리가 조금은 저지될 것이다."

두 얼굴의 암행어사

암행어사라고 해서 모두가 일을 열심히 한 것은 아닙니다. 술을 마시고 취해서 길에서 쓰러져 품위를 잃어버린 경우도 있었고, 임무를 게을리하고 놀러 다닌 경우까지도 있었습니다. 1681년(조선 숙종 7년) 영의정 김수항은 어사들의 어처구니없는 행태를 고발합니다. "어사 안후태는 가는 곳마다 술을 마시고는 취하여 길에 쓰러져서 행인들에게 비웃음을 샀고, 여러 고을에서 업신여김을 당했습니다. 어사 목임일은 말을 바꿔 탈 때 관원들에게 형벌을 가했으며, 해당 지역의 관리들과 어울려 산속의 절에 돌아다니며 놀았습니다. 또한 어사 김두명은 데리고 간 서리가 각 고을에서 뇌물을 징수하여 싣고 돌아왔습니다." 보고를 받은 왕은 화가 나서 이들의 죄를 모두 조사하도록 지시했습니다.

조선 후기 평안도 암행어사 홍병철은 부정한 행위를 했다는 이유로 여러 차례 공격을 받고 결국 조사까지 받았습니다. 먼저 1805년(조선 순조 5년) 10월 사헌부는 그의 처벌을 요청합니다. "평안도 암행어사 홍병철은 가는 곳마다 출도하여 대낮에 미친 도깨비처럼 날뛴 탓으로 본색이 탄로 났습니다. 그래서 억지로 자취를 감추기 위해 이름을 바꾸었는가 하면 인근 마을에서는 처음에 얼굴을 모르고 심지어 잘못 알기도 했습니다. 또한 넉 달 동안이나 병들었다고 핑계를 대면서 일정을 지체하기도 했습니다. 그리고 수행원들이 어사의 위엄을 빌어 백성의 재물을 강제로 빼앗았다는 이야기가 많습니다. 우선 먼저 파직시키고 죄를 조사하도록 하십시오." 그러나 왕은 사헌부 건의를 거부합니다. "풍문으로 전하는 말을 어떻게 다 믿을 수 있겠는가? 그는 암행어사인데 어떻게 그가 누구라는 것을 알 수 있겠는가?" 두 달 후 12월에는 영의정도 서계를 문제 삼습니다. "홍병철은 앞서 사헌부 탄핵을 받았다는 이유로 서계를 바치지 않고 있으니 이는 본래 의무에 크게 어긋나는 일입니다. 즉시 정리하여 보고하게 하십시오." 그러자 홍병철은 다음 날 바로 서계를 작성하여 보고합니다.

다음 해인 1806년(조선 순조 6년) 11월에는 사헌부가 홍병철이 뇌물과 죄를 봐준 혐의가 있다며 또다시 탄핵합니다. 이렇게까지 되자 결국 왕은 조사를 지시합니다. "평안도 암행어사에 관한 일이 진실로 그렇다면 단지 임금을 욕되게 하였다고만 말할 것이 아니다. 그렇지만 소문으로 알려진 것은 모두 믿기 어려우니 의금부에서 직접 조사하도록 하라." 홍병철은 의금부 조사에서 일정을 지체했던 것은 실제 병으로 아팠으며 부패한 수령을 일부러 가볍게 용서한 것은 아니라고 변명했습니다. 그러자 사헌부는 그의 변명이 잘못되었다고 공격하기 이릅니다. "홍병철이 아팠다는 것은 알겠으나, 부패한 수령이 뇌물을 받았다는 것을 몰랐을 리가 없습니다. 그가 용서한 강서 수령 김기언은 본래 탐관오리로서 윗사람들에게 아부하여 좋은 고을을 차지한 후 재물을 빼앗아 백성들이 고통으로 분노하고 있었습니다. 그렇다면 어사가 출도하여 단호하게 그 자리에서 마땅히 봉고파직하였어야 합니다. 그런데도 대강 서계에만 논한 것은 죄를 봐준 것이 아니고 무엇이란 말입니까?" 이렇듯 분노에 찬 보고에도 불구하고 왕은 특별한 추가 지시 없이 홍병철을 혐의가 충분히 확인되지 않았다는 이유로 그냥 풀어주도록 명령합니다.

그러나 대다수의 암행어사들은 낯선 지방을 여러 달씩 떠돌면서 맡은 역할과 책임을 끝까지 다했습니다. 열악한 숙소 상태, 입에 안 맞는 음식, 맹수와 도적의 출몰은 암행어사 일행에게 견디기 어려운 일이었지만, 묵묵하게 힘든 업무를 수행한 것입니다. 암행어사의 활약상이 널리 알려지게 되면서 민초들은 어렵고 힘든 일이 생길 때마다 문제를 해결해 줄 암행어사의 출현을 원했습니다. 1792년(조선 정조 16년) 4월 왕에게 올린 상소문에도 백성들이 암행어사를 간절히 희망하는 내용이 나옵니다. "무릇 고통과 억울한 일이 있을 때에는 항간에서 늘 말하기를, '암행어사가 어찌하여 내려오지 않는가.'라고 합니다."

때로는 진짜 암행어사가 가짜로 오인을 받아 고난을 겪는 일도 있었습니다. 1802년(조선 순조 2년) 4월 경상도에 파견된 암행어사 권준은 안동에서 큰 봉변을 당할 뻔했습니다. 안동 지역 경비대장인 김치준이 그를 가짜 어사로 판단하여 포박하고 감금하려고 했기 때문입니다. "김치준은 군사들을 많이 풀어서 '출도'라고 소리 지르는 서리를 결박하고 '어사도 즉시 결박해서 잡아 오라'고 지시했습니다." 결국 김치준은 한양의 의금부까지 붙잡혀 와서 조사를 받았고, 이후 권준의 보고 내용에 따라 그를 처리하는 것으로 방침을 세웠습니다. 두 달 뒤인 6월 암행어사 권준이 김치준의 비위 행위에 대해 보고하자, 왕은 추가 조사를 지시했습니다. "김치준은 백성들에게 벼슬자리를 무단으로 팔아 거두어들인 돈이 자그마치 488냥에 달하였는데, 이는 당연히 불법에 해당합니다. 의금부로 하여금 이런 범법 사실에 대해 상세히 조사하게 할 필요가 있습니다."

임무를 맡아 먼 여행길을 떠나는 암행어사의 애틋한 감정을 표현한 한시가 한 편 있습니다. 조선 중기 문인 장유의 책『계곡선생집』에 나오는 글입니다. 그가 전라도 암행어사로 임명된 후 경상도 암행어사로 임명된 동료와 나흘 동안 함께 길을 가다가 갈림길에서 작별하며 동료에게 선물로 남긴 시로 알려져 있습니다.

누런 먼지 붉은 해 같이 지나온 숙소들

남몰래 한밤중에 걸어가는 꼴이 됐소
하늘 위 사신의 별빛 뿌리며 헤어짐에
길가의 타고 온 말도 동료 잃고 슬피 우네
호남의 물색이야 내가 잘 읊겠지만
영남 땅 산천 보면 그대의 정도 각별하리
꿈속에 젖어 들 한강수며 남산
언제나 미소 띠며 도성문 들어설까

천 년이 훌쩍 넘은 역사

우리나라 감사기관의 역사는 신라 시대부터 기록되어 있습니다. 1,300년이 훌쩍 넘습니다. 659년(신라 태종무열왕 6년)에 설치된 사정부(司正府)가 처음으로 고구려와 백제도 감사기관이 있었을 것으로 추측되지만, 안타깝게도 이름이나 활동 기록이 남아 있지 않습니다. 발해에도 중정대(中正臺)라는 독립 감사기구가 있었다고 합니다. 고려는 어사대(御史臺)가 활동했고, 조선에는 사헌부(司憲府)가 있었습니다. 사헌부는 1894년 갑오개혁 때 도찰원(都察院)으로 바뀌었다가 이듬해인 1895년 사라지게 됩니다.

감사기관은 관료의 잘못을 조사하고 처벌하는 일을 주로 했지만, 국왕이 어긋난 행동을 했을 때는 과감하게 바른 소리를 하기도 했습니다. 사헌부 관리들은 상대방의 직위를 묻지 않고 거침이 없었으며, 원칙에 관해서는 타협하거나 물러서지 않았던 것으로 널리 알려져 있습니다.

1388년(고려 우왕 14년) 감사기관의 수장이던 조준이 왕에게 올린 글을 보면 감사기관의 역할이 얼마나 중요한지를 잘 보여줍니다.

> 감찰은 모든 관리를 살펴서 왕의 눈과 귀가 되고,
> 모든 제사와 조회로부터 금전과 곡식의 출납에 이르기까지
> 모두 감독하고 단속하는 것이니
> 비록 직위가 낮더라도 그 책임은 중요합니다.

남의 잘못을 공격하고 조사하는 일을 맡은 만큼 사헌부 관리들은 다른 관리들보다 더 청렴하고 강직할 것을 요구받았습니다. 1420년(조선 세종 2년) 3월 사헌부 수장인 대사헌에 이발이 임명되자, 과거 중국 사신으로 갔을 때의 잘못이 문제가 되었습니다. 그런데 그를 공격한 것은 다름 아닌 사헌부 관리들이었습니다. "이발은 과거 중국 사절로 가서 밀무역을 하려다 감찰의 수색까지 당하였습니다. 사헌부의 수장이 될 수 없습니다." 이발의 사례는 분명 지나친 면이 있기는 했지만, 당시 중국 사절단으로 간 관리들이 비단이나 서적을 몰래 거래하여 수입을 올리는 것은 일종의 관행이었다고 합니다. 그래서인지 왕은 이발의 임명을 강행하려고 합니다. "과거에는 금지하는 명령이 엄하지 않았다.

이발이 고의로 잘못한 것이 아니니, 그를 마중하도록 하라." 그러나 사헌부 관리들은 왕의 명령을 끝까지 받아들이지 않았습니다. "감히 명령을 받들지 못하겠습니다." 게다가 이번에는 사간원까지 나서서 이발의 파직을 주장합니다. "사헌부는 모든 관리를 탄핵하며 풍속을 바로잡는 곳이니만큼, 그 책임이 매우 중합니다. 대사헌 이발은 일찍이 중국 사절로 가서 마음대로 밀무역을 했습니다. 염치가 없는 일인데, 어찌 사헌부의 수장이 될 수 있겠습니까? 관직을 파직하여 관리들의 기풍을 세우게 하여 주십시오." 이렇게 되자 결국 이발의 대사헌 임명은 물거품이 되었습니다. 관행마저도 사헌부 관리에게는 허용될 수 없었던 것입니다.

그리고 사헌부는 때로는 잘못된 사회 관습을 바로잡는 역할도 수행했습니다. 다음 일화를 보면 사헌부가 사회 풍속을 교정하는 것에도 깊숙이 관여했다는 것을 알 수 있습니다.

1425년(조선 세종 7년) 12월 왕은 밤늦도록 술 마시는 사회 풍습을 문제 삼습니다. "내가 어제 밤에 경회루에 나가서 거닐었는데, 민가에서 들려오는 풍악 소리와 노랫소리가 밤새도록 그치지 아니하였다. 요사이 밤에 술 마시기를 좋아하는 것을 알 수 있다. 사헌부에서는 어찌하여 이를 금지하지 않느냐. 깊은 궁중에 있어도 오히려 이 소리를 들었는데, 그대들은 알지 못하였다고 말하겠느냐." 이러자 사헌부 집의 정연이 변명합니다. "평민의 집은 쉽게 수색 체포할 수 있지만, 조정 관리의 집들은 집 안이 크고 견고하게 지키고 있어 법을 집행하는 관리도 쉽게 들어갈 수 없습니다." 왕도 단속이 어렵다는 점을 이미 잘 알고 있는지 사헌부의 고충을 어느 정도 이해합니다. "나도 본래부터 탁주를 마시는 자(평민)는 붙잡히고, 청주를 마시는 자(양반)는 무사하다는 것을 알고 있다. 그러나 밤에 술 마시는 폐해는 적지 않으니 사헌부는 유의하라."

사헌부의 업무는 여기에서 끝나지 않았습니다. 조선 시대 성현의 책 『감찰청벽기』에서는 사헌부 감찰(정6품)의 넓은 업무 범위를 이렇게 말하고 있습니다. "감찰은 사헌부 관리로서 각각 그 직책에 따라 임무를 담당하게 된다. 중국에 사신으로 가는 일, 조정의 회의, 국고 출납, 제사, 과거 등의 일에 모두 참여하였다. 부정을 적발하고 비위를 캐내기 때문에 그가 왔다는 소리만 들어도 누구나 몸을 움츠리고 무서워할 줄 알았다."

조선 말기 애국지사이자 의병장으로 유명한 최익현도 사헌부 관리로서 이름을 널리 알렸습니다. 1868년(조선 고종 5년) 10월 그는 사헌부 장령(정4품) 때 왕에게 상소문을 올립니다. 많은 백성들을 동원하는 대규모 토목 공사를 중지하고, 백성들에게 세금을 가혹하게 거두는 것을 그만두며, 당백전(경복궁을 공사하면

▼ **최익현 초상** ⓒ문화재청

서 새롭게 발행한 돈)을 없애고 한양의 사대문을 통행할 때 받는 세금을 거두지 말라는 네 가지였습니다. 모두 왕과 흥선대원군의 잘못을 비판하는 것으로 거침없는 내용이었습니다. 당시는 정치적 실세였던 흥선대원군의 권력이 무서워서 누구라도 언급하기 힘든 이야기였지만, 최익현은 목숨을 건 상소문을 썼고 논란의 중심에 서게 되면서 그의 이름을 세상에 알리게 되었습니다.

과거의 사헌부는 지금의 감사원

조선 시대 사헌부와 비슷한 역할을 수행했던 기관으로는 의금부와 사간원을 들 수 있습니다. 사헌부는 관리의 기강을 점검하고 직무 감찰을 주된 업무로 했습니다. 그리고 의금부는 국왕의 명령에 따라 고위 관료와 양반들의 죄를 조사하고 처리하는 역할을 했으며, 사간원은 왕과 정치에 대한 잘못을 비판하는 것을 핵심 임무로 했습니다. 조선의 기본 법전인 『경국대전』에서는 사헌부는 "시정을 논하여 바르게 이끌고 모든 관원을 규찰하며, 풍속을 바로 잡고, 원통하고 억울한 것을 풀어주고, 협잡을 단속하는 일을 맡는다."라고 하였습니다. 의금부는 "왕명을 받들어 죄인을 조사하는 일을 맡는다."라고 규정되어 있으며, 사간원은 "간쟁과 봉박을 맡는다."라고 되어 있습니다.

기관의 역할로 보자면 사헌부는 오늘날 감사원, 검찰, 언론의

복합적인 기능을 행사했고, 의금부는 검찰과 경찰의 기능을 수행했다고 할 수 있습니다. 물론 수사권은 형조, 한성부와 포도청도 가지고 있었지만, 역시 사헌부와 의금부가 대표 기관이었습니다. 그리고 사간원은 지금의 언론 기관의 역할을 담당했다고 볼 수 있습니다.

지금의 정부 기관 중에는 감사원이 헌법에서 회계검사와 직무 감찰을 핵심 업무로 규정하고 있습니다. 사헌부가 관료들에 대한 직무 감찰이 주된 역할이었다는 점에서 기관 성격상 지금의 감사원과 가장 유사하다고 볼 수 있습니다.

우리나라 감사기관의 역사

시대	연대		감사기관	
삼국시대	659년	태종무열왕	사정부	
고려 시대	995년	성종	어사대	
	1275년	충렬왕	감찰사	
	1369년	공민왕	사헌부	
조선 시대	1401년	태종	사헌부	
	1894년	고종	도찰원	
임시정부	1920년		회계심사원	
대한민국	1948년			감찰위원회
	1955년		심계원	사정위원회
	1961년			감찰위원회
	1963년		감사원	

제2장

뿌리 깊은
감사의 역사

감사(audit)와 감사(監査)

감사는 영어로 'audit'이라고 합니다. 고대 로마 시대에 장부 기록을 검증하기 위한 청문 절차에서 생긴 용어로 라틴어 'audire (듣는다)'와 'revisere(다시 보다)'에서 유래하였습니다.

우리나라에서는 1895년에 처음으로 '감사(監査)'라는 용어가 사용되었습니다. 1895년(조선 고종 32년) 3월 26일 조선왕조실록에 따르면 관세사(管稅司)와 징세서(徵稅署)의 관제를 반포한 칙령 제56호 제8조에 "관세사는 부내의 징세서를 감독하고 각 고을의 세무를 감사(監査)한다."라는 내용이 나옵니다.

최초의 감사는 B.C. 3000년 이전에 메소포타미아 지역의 수메르인들이 점토 물표와 점토 주머니 등을 사용하여 회계 체계를 갖추기 시작하였던 때로부터 시작합니다. 상인과 정부 기관이 잘못된 영수증을 처리하고, 배상하거나 상환할 때, 또는 세금을 납부할 때 그 부담을 줄이기 위해 공식적인 기록체계를 갖추면서 감사 기능이 출발하였다고 합니다.

이때 점토 물표와 점토 주머니는 다른 사람에게 맡긴 물건이나 가축의 수량을 확인하기 위해 주머니 표면에 내용을 새기고 맡긴 수량만큼 물표를 그 안에 담아 입구를 밀봉한 뒤 구워서 보관하였습니다.

고대 바빌로니아의 『함무라비 법전』에는 공적기록관(scribe) 제도가 기록되어 있다고 합니다. 공적기록관은 왕실의 세금에 대해 품목과 수량을 기록하고, 창고의 재물을 조사하는 업무를 담당했습니다.

고대부터 중세 시기까지 감사는 절대군주를 위한 내부 통제 기능을 담당했습니다. 즉 절대군주가 왕권 확립을 위해 직접 감사를 지시하였으며 감사는 왕실 재산을 지키는 것이 주된 임무였습니다. 18세기 프랑스 대혁명 이후 근대 시기부터는 국민주권 개념이 정착되었습니다. 그때부터 감사는 절대군주가 아닌 국민에게 보고하고 책임져야 했습니다. 이제 감사는 행정부에서 독립하기 시작하고 국민의 대표 기구인 국회에 감사 결과를 보고하는 것으로 기능이 변화했습니다.

영국 감사원은 감사법(Exchequer and Audit Departments Act)이 만들어진 1866년부터, 미국 감사원은 현재의 감사원(General Accounting Office)이 설립된 1921년부터 변화가 시작되었다고 합니다. 근대 이전의 감사 기능이 군주의 명령을 이행하는 역할이었다면, 근대 이후에는 국가 예산을 부정이나 낭비로부터 지켜내는 역할로 볼 수 있습니다.

중국의 경우에는 B.C. 1000년경 주(周) 왕조 때 독립적인 지위에서 재정과 관련된 모든 활동을 감사하는 사회(司會)가 있었다고 합니다. 이후 B.C. 200년 진(秦)과 한(漢) 시대부터는 어사부(御史府) 또는 어사대(御史臺) 제도를 운영했으며, 이는 우리나라에도 많은 영향을 주었습니다.

명(明)과 청(淸) 시대에는 감사기관으로 도찰원(都察院)을 운영하였습니다. 명 태조 때 설치된 도찰원은 국가 기강의 확립, 부정의 탄핵, 중대한 형벌의 심의 업무를 맡았습니다. 특히 순안(巡按) 감찰어사를 100명 넘게 두어 지방 관리의 부정부패를 감시했습니다. 이들은 반드시 증거를 필요로 하지 않았고, 법률 조문에도 구애받지 않았으며, 주로 도덕상의 의무를 준수했는지 여부에 따라 탄핵할 수 있어 강력한 권한을 가졌다고 합니다.

우리나라의 감사 제도

1) 신라부터 발해까지

우리나라 역사에 기록된 최초의 감사기관은 신라의 사정부(司正府)입니다. 659년(신라 태종무열왕 6년)에 설치되었으며, 당시 사정 담당 관원은 모두 17명으로 령 1명, 경 2명, 승 2명, 대사 2명, 사 10명이었습니다. 중앙 관리들을 감독하고 왕에게 잘못을 보고하는 역할을 담당했다고 합니다.

신라의 행정기구

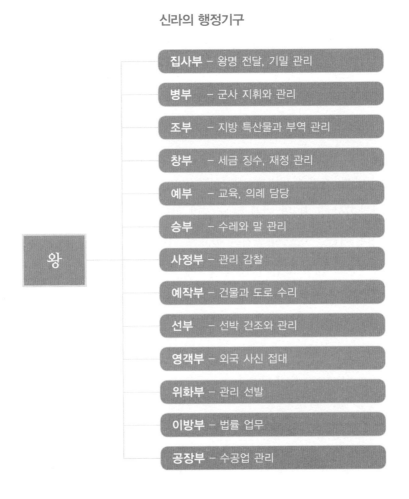

왕	
	집사부 – 왕명 전달, 기밀 관리
	병부 – 군사 지휘와 관리
	조부 – 지방 특산물과 부역 관리
	창부 – 세금 징수, 재정 관리
	예부 – 교육, 의례 담당
	승부 – 수레와 말 관리
	사정부 – 관리 감찰
	예작부 – 건물과 도로 수리
	선부 – 선박 건조와 관리
	영객부 – 외국 사신 접대
	위화부 – 관리 선발
	이방부 – 법률 업무
	공장부 – 수공업 관리

삼국 통일 후인 673년(신라 문무왕 13년)에는 124개 지방에 외
사정을 설치했는데, 관원 수가 133명(9개 주에 2명씩, 115개 군에 1명

씩 배치)이었습니다. 왕궁 안의 일을 감독하는 역할의 내사정전은 746년(신라 경덕왕 5년)에 설치되었는데, 처음에는 5명이었다가 나중에 7명으로 늘어났습니다.

신라 감사기관 관원의 변천

연도	연대	합계	사정부	외사정	내사정
659년	태종무열왕 6년	17	17	–	–
673년	문무왕 13년	150	17	133	–
746년	경덕왕 5년	163	23	133	7
776년	혜공왕 12년	159	19	133	7

신라 사정 활동에 대한 기록은 거의 남아 있지 않습니다. 다만 『삼국사기』에서 "후세의 사헌부와 같다."라고 하였고, "형률과 탄핵을 맡는 관사"라고 기록한 것을 토대로 어떤 역할을 했는지 짐작할 수 있습니다. 최초의 감사 활동 기록은 90년(신라 파사이사금 11년)의 "7월에 왕이 사자 10명을 여러 주, 군에 파견하여 공무를 게을리하여 땅을 황폐하게 한 관리의 관직을 낮추거나 파직하였다."라는 내용입니다.

고구려와 백제는 감사기관의 활동 기록이 남아 있지 않습니다. 『삼국사기』에도 내평과 외평이 사헌부의 업무를 했다는 정도만 기록되어 있습니다. 그러나 312년(백제 비루왕 9년)에 왕이 사신을 지방에 파견하여 민간을 순회하면서 백성들의 어려움을 살피게 했다는 기록이 있는 것을 보면 관련 활동은 있었다고 볼 수 있습니다.

발해는 행정조직(3성 6부제)과는 별도의 중정대(中正臺)라는 독립된 감사기관이 있었다고 합니다. 중정대의 장관인 대중정 1명이 있었고, 그 아래 소정 1명이 보좌했습니다. 대중정은 6부를 거느리는 좌·우사정 다음인 고위 관직이었습니다. 그러나 감찰 활동에 대한 구체적인 기록은 아쉽게도 남아 있지 않습니다.

발해의 행정기구

2) 고려는 어사대

고려는 어사대(御史臺)라는 감사기관이 있었습니다. 어사대는 995년(고려 성종 14년)에 설치되었고, 1014년(고려 현종 5년)에는 금오대로 이름을 변경하였습니다. 그리고 1275년(고려 충렬왕 1년)에는 감찰사로 바뀌었고, 1298년(고려 충렬왕 24년)에 사헌부로, 1356년(고려 공민왕 5년)에 어사대로, 1362년(고려 공민왕 11년)에 감찰사로, 1369년(고려 공민왕 18년)에 사헌부로 바뀌는 많은 변화가 있었습니다. 이후 사헌부라는 명칭은 조선까지 이어지게 됩니다.

고려 감사기관의 이름 변화

어사대의 임무에 대하여 『고려사』는 "정책을 논하고 풍속을 교정하며 모든 관리의 비위를 탄핵"하는 것이었다고 기록하고 있습니다. 즉 관리의 불법을 규찰하고 관청의 태만을 감찰하며, 의례와 가정생활을 감찰하는 역할까지도 수행하였습니다. 또한 서경권(署經權)이라고 해서 관리 임명 때 그간의 행적을 조사하여 임명에 동의를 구하며 합리적인 사유를 들어 거절하면 왕이 수용하는 권한이 있었습니다. 이는 강력한 왕권의 견제 기능이었으

며, 현재의 인사청문회 기능과 유사하다고 할 수 있겠습니다. 물론 이 중에서 어사대의 가장 중요한 업무는 관리에 대한 감찰 기능이었습니다.

고려의 행정기구

어사대는 독립된 편제이긴 했지만, 조직의 수장인 판사(정3품)는 재상이 겸하도록 하였습니다. 그리고 간쟁 역할을 한 낭사는 중서문하성의 하부 기관으로 편제되어 있었습니다. 결국 두 기관 모두 재상의 지휘 아래에 있었던 것입니다. 그러다 보니 아무래도 역할 수행의 한계는 분명한 사실이었습니다.

어사대 관리는 함부로 체포할 수 없는 불체포 특권을 가지고 있었습니다. 비록 죄가 있다고 해도 재직 시에는 붙잡아 갈 수 없으며 어사대 안에 직접 들어올 수도 없었습니다. 실제 1356년 (고려 공민왕 5년) 임중보의 역모 사건을 조사할 때 어사대부 손용을 공모자로 체포하려 하자 어사대 관원이 "어사대 관리는 비록 죄가 있더라도 관직을 파직한 후에 감옥을 가는 것이다."라고 말했다고 합니다. 함부로 체포할 수 없었다는 것을 짐작할 수 있습니다.

또한 어사대 관리는 같은 품계의 다른 관리들보다 우월한 위치에 있었으며 주요 직책으로 인정받았습니다. 엄격한 신분 사회였던 고려에서는 신분, 능력, 성격 등을 모두 검토하여 어사대 관리를 선발하였으며, 미흡한 점이 있으면 임용에서 탈락되었습니다. 그리고 직무를 태만히 하거나 일을 잘못 처리하거나 체면을 손상시킨 경우에는 책임 또한 엄하게 물었다고 합니다.

고려의 감사기관은 무신의 난(1170년) 이전에는 정상적인 역할을 수행한 것으로 보이지만, 무신의 난 때에는 기능이 약화되고 제대로 된 임무 수행이 어려웠다는 평가를 받습니다. 그 후에는 다시 기능이 어느 정도 회복되었다고 합니다.

3) 조선은 사헌부

❶ 구성

조선에는 사헌부(司憲府)가 있었습니다. 사헌부는 국왕의 직속 기관으로 설치되었는데, 관원은 태조 때 27명을 두었습니다. 수장인 대사헌은 종2품이었으며, 중승·겸중승 각 1명, 시사·잡단 각 2명, 감찰 20명이었습니다. 성종 때의『경국대전』에는 총 30명으로 규정되어 있습니다.

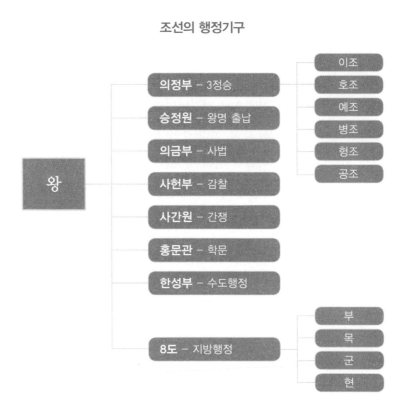

조선의 행정기구

1460년(조선 세조 6년) 12월 이조에서 감찰 5명의 추가 설치를 건의합니다. "감찰 20명만 가지고는 항상 부족함을 근심해야 되고 양식의 출납 업무도 이로 인해 지체됩니다". 감찰의 수를 늘린 것은 양반 관료사회의 기강을 확립하고 관료들의 비행과 비리에 대한 감찰 활동을 강화하기 위해서였다고 볼 수 있습니다.

사헌부가 업무를 집행하는 관청은 본대(대청, 집의청, 대장청)와 분대(내방, 외방)로 구성되어 있었습니다. 사헌부 조직은 다른 업무 성격을 가진 이중적인 구조였습니다. 관료를 탄핵하고 국왕의 잘못을 직언하는 언론 활동을 하는 지평(정5품) 이상의 대관(상관)과 비위 조사 활동을 담당하는 감찰(정6품, 하관)로 구분되었습니다.

감찰은 관료를 직접 탄핵할 수는 없었지만, 부정한 관리들에 대해서는 사회적으로 망신을 줘서 부끄러움을 알게 하는 방식을 활용했다고 합니다. 이것을 서죄(書罪)라고 합니다. 이수광의 『지봉유설』에 나오는 서죄 모습입니다. "관료 가운데 불법행위, 권리 남용, 수뢰행위를 하는 자가 있는 경우에는 감찰 여러 명이 밤에 그의 집 근처에서 모임을 갖고 흰 목판에 죄목을 적어 대문에 단단히 붙이고 대문에 먹칠을 하고 서명하고 돌아간다. 이렇게 되면 그 사람은 사회에서 매장되고 만다." 그러나 "지금은 이 제도가 없어진 지 꽤 되었다."라고 한 것으로 볼 때 오래지 않아 사라진 것으로 보입니다.

그리고 동료 사헌부 직원의 비위를 내부 감찰하는 역할을 맡은 유사(有司) 감찰도 2명이 있었습니다. 이렇게 사헌부 내 자체 감찰을 둔 이유는 외부에서는 사헌부 내부 일에 개입하기가 힘들었기 때문에 조직 내의 견제와 균형을 맞추기 위해서인 것으로 보입니다.

　1439년(조선 세종 21년) 사헌부 감찰반장(방주)과 부하 감찰이 술을 마시다가 취해서 서로 물어뜯고 싸우는 일이 발생했습니다. 그러자 유사감찰 2명이 사건 결과를 조사해 보고하였는데, 보고서에는 감찰반장이 그동안 부하 감찰들을 계속 괴롭혔다는 사실도 밝혔습니다. 이 사건으로 감찰반장과 부하 감찰은 벌을 받고 관직을 빼앗겼는데, 유사감찰 2명도 파직 처분을 받았습니다. 내부 감찰 역할을 제대로 수행하지 못했다는 책임을 물은 것입니다.

❷ 상징

암행어사의 상징이 마패였다면 사헌부의
상징은 해치(해태)였습니다. 해치는 성품이 충
직하여 사람이 싸우는 것을 보면 옳지 않은 사
람을 뿔로 들이받는 동물로 전해집니다. 옳고 그
름을 지혜롭게 판단하는 상상 속의 동물이었습니   ▲ 해치관
다. 사헌부의 수장인 대사헌과 관원들은 해치가 장
식된 관복과 모자(갓)를 착용했습니다. 법을 집행하는 사헌부 관
리들로 하여금 옳고 그름을 바르게 판단하고 바른 소리를 하도
록 한다는 의미였습니다.

1643년(조선 인조 21년) 11월 왕이 직접 해치관의 의미에 대해
말한 적이 있습니다. "내가 임금이 되기 전에 어떤 사헌부 관리
가 해치관을 쓰고 있는 걸 보고 주위 사람들에게 물어보니 모두
'해치는 사악한 기운을 물리치는 짐승이므로 그 뜻을 취한 것이
다'라고 말하였다." 대사헌 관복의 흉배(관복 가슴과 등에 덧대어 붙
이는 장식 천)에 해치를 그렸는데, 학을 장식한 문관과 호랑이를
그린 무관과는 다르게 구분되었습니다. 관복을 착용하는 건 의
무였으며, 이를 어기는 경우에 처벌받았습니다. 1796년(조선 정조
20년) 2월에는 "사헌부 지평(정5품)이 해치관을 쓰지 않았다는 이
유로 면직되었다."는 기록까지 있습니다.

조선 시대는 엄격한 계급사회였습니다. 사헌부 관직에 임명되
는 것은 다른 관직보다 더 엄격하고 까다로웠다고 합니다. 사헌

부 관리가 되려면 담당 직무를 냉철히 처리할 수 있어야 했습니다. 왕의 잘못이라도 용기있게 말할 수 있고 관료의 그릇됨과 부족함을 과감하게 이야기할 수 있는 인물이라고 할 수 있을 것입니다. 이러한 자격과 능력을 갖추기 위해서는 일정한 기준의 소양이 필요했고, 청렴한 가문 출신으로 임명 자격을 엄격히 제한했습니다.

1490년(조선 성종 21년) 7월 대사헌을 지낸 손순효가 대간(사헌부와 사간원 관리)의 중요성에 대해 말합니다. "예전에 관을 설치함에 있어 반드시 대간(臺諫)을 중요하게 여겼습니다. 이는 대간이 중한 것이 아니라 조정을 중히 하는 까닭입니다. 대간은 모름지기 일류의 사람을 써서 몸을 돌보지 않고, 분발하여 말을 다하여 숨기지 아니한 후에야 조정이 바르고 만백성도 바르게 될 것입니다." 왕도 그의 말에 동의합니다. "대간의 임무를 내가 어찌 가볍게 여기겠는가? 임금의 눈과 귀이자 조정의 기강이 되어서 임금의 잘못을 바로잡고 재상의 실수를 공격하는 것이다."

조선 시대의 사헌부는 국정을 맡은 사대부층의 이상인 성리학적 이념에 충실하였기 때문에 고려 시대보다 관료에 대한 탄핵이나 국왕에 대한 간쟁을 적극적이고 활발하게 실시하였다고 평가받습니다.

❸ 연계 기관
사헌부와 비슷한 업무를 수행한 기관이 사간원입니다. 사간원

은 왕에게 간언하고 정치의 잘못을 반박하는 직무를 담당했습니다. 사헌부가 왕과 모든 관리, 그리고 일반 백성까지 아울러 폭넓은 역할을 수행하였다면, 사간원은 왕과 중요 관리에 한정해 그 역할을 했다고 볼 수 있습니다. 두 기관은 협력하여 군주의 잘못을 지적하고 관리의 비위를 탄핵하기도 했고, 때로는 서로 견제하고 싸우기도 했습니다.

사헌부와 사간원은 합하여 양사(兩司)라고 하였으며, 두 기관의 소속 관원을 '대간(臺諫)'이라고 하였습니다. 그리고 궁중의 서적과 기록물을 관리하는 학문 기관의 역할을 한 홍문관까지 포함하여 삼사(三司)라고 불렀습니다. 세 기관은 삼사에 포함되었지만, 그 역할에는 차이가 분명했습니다. 사헌부와 사간원은 왕과 의견을 달리하여 대립하는 경우가 많았지만, 홍문관은 정책을 중재하거나 방향을 제시하는 역할을 주로 했습니다.

기관 간의 차이는 있었지만, 삼사의 핵심 역할은 활발한 언론 활동으로 권력을 견제하는 것이었습니다. 조선 중기까지는 그 역할에 충실했다고 평가받지만, 중기 이후 붕당과 세도 정치의 영향으로 정치적 비중과 위상은 약화되었습니다.

4) 근대는 유명무실

조선 말기인 1894년 양반 관료 체제를 타파하고 근대 국가체제를 마련한다는 명분으로 추진된 것이 갑오개혁입니다. 이에 따라 감사 제도도 변화되었습니다. 감사기관인 사헌부는 도찰원(都察院)으로 이름을 바꿔 의정부 소속으로 변경되고, 사간원은 사라졌습니다. 도찰원의 기능은 관리의 잘못을 조사하여 보고하는 것만이어서 기존의 사헌부에 비해 권한이 제한적이었습니다. 또한 독립 기관이었던 사헌부와 달리 의정부 소속이어서 성격도 달랐다고 할 수 있습니다. 인원은 원장 1명, 사헌 5명, 주사 10명만을 두었는데, 개화사상가로 유명한 유길준도 사헌으로 근무했다고 합니다.

이후 1895년 2차 내정개혁 때에는 의정부를 대폭 통합 축소하고, 도찰원을 폐지하였습니다. 이로써 신라 시대부터 감찰 기능을 수행해 왔던 감사기관은 역사 속으로 사라졌습니다.

조선 말기까지 회계검사 제도는 곡식과 공물을 출납할 때 사헌부의 감찰이 검사하고 관리가 교체될 때 인수인계 물자의 적정성을 호조의 회계사에서 점검하는 수준이었습니다. 단순한 재고 조사에 불과했으며, 현대적 회계검사 제도는 갑오개혁 때 도입되었다고 볼 수 있습니다.

1894년 7월 회계심사국이 처음 설치됨으로써 현대적 의미의 회계검사가 시작되었습니다. 회계심사국은 국장 1명, 서기관 4명과 심사관 5명의 직원이 국고와 재화 관리, 물품 손·망실, 국유재산의 증감과 같은 회계검사 업무를 담당하였습니다. 그러나 회계심사국은 사실상 활동이 거의 없었습니다. 불과 다음 해 3월 내각 관제 개혁에 의해 폐지되었기 때문입니다. 그리고 궁내부에 회계원이 설치되고 검사사(檢查司)가 왕실의 재무검사를 담당했습니다. 1906년 3월에는 검사국이 설치되고, 1907년 12월에는 탁지부 소속의 회계검사국이 설치되었습니다. 당시 회계검사국의 주요 업무는 총결산 검사, 각 관청의 수입과 소유물에 관한 결산 심사 등이었다고 합니다.

일제강점기 시절 대한민국 임시정부는 1919년 임시헌법에서 대통령 직속 기관으로 회계검사원을 설치하였습니다. 이후 1925년 4월 개헌으로 회계검사원이 폐지되고 의정원에서 관련 업무를 수행하다가 1940년 회계검사원이 부활했습니다. 규정상으로는 임시정부의 각 기관과 임시의정원의 결산과 장부, 보고서는 회계검사원의 검사를 의무적으로 받아야 했습니다. 그러나 그 시절 회계검사원이 제 역할을 했다고 보기는 어렵습니다.

1920년(민국 2년) 2월 의정원 이유필 의원은 서면 질문에서 "헌법상 기관인 회계검사원을 설치하지 아니한 이유가 무엇인가. 재무부의 총세입 세출과 각 부의 회계는 어떻게 검사 감독하는가."라고 문제를 제기합니다. 이때는 1919년 4월 대한민국 임시헌법을 공포한 후 거의 1년이 다 되어가는 시점인데도 회계검사원이 아직 설치되지 아니하였음을 알 수 있습니다.

이듬해인 1921년 5월에는 장붕 의원이 회계검사가 부실하다고 항의합니다. "들으니 회계검사가 여러 날 후에야 종결될 듯하다 하니 회기가 2주일에 불과한 금년에도 작년과 같이 예산결산안을 제출하지 않으려는 것이오? 만일 제출하지 않으려거든 본

▲ 대한민국 임시정부

인의 예산결산위원 직을 취소해 주시기 바라오. 난 이름뿐인 자
리를 가지길 원하지 않소." 회계검사가 실시되기는 하였지만, 그
범위와 한계가 분명하였음을 짐작할 수 있습니다.

5) 현대는 심계원과 감찰위원회부터

현대적 의미의 감사는 1948년 대한민국 정부 수립과 함께 설치
된 심계원(審計院)과 감찰위원회(監察委員會)에서 시작되었습니다.

심계원은 1948년 제정된 헌법 제95조에 따라 국가의 결산검
사 업무 담당 기관으로 설치 근거가 마련되었으며, 9월 4일 명제
세 초대 심계원장이 임명되었습니다. 이후 12월 4일 「심계원법」이

제정 공포되었고, 사무처 조직 설치와 직원 채용의 업무 준비를 거쳐 1949년 1월부터 국가 회계 검사 업무를 시작하였습니다.

심계원은 정부 수립 초기의 혼란과 부패, 한국전쟁의 어려움 속에서 14년 6개월 존속했습니다. 이 기간 동안 회계 사무의 위법부당한 점을 밝혀내고 변상 판정을 실시하거나 제도를 개선하여 회계 질서 확립에 많은 노력을 하였습니다.

감찰위원회는 1948년 7월 「정부조직법」에 따라 설치 근거가 마련된 후 8월 28일 정인보 초대 감찰위원장이 임명되었고, 8월 30일 직제를 마련하여 업무를 개시하였습니다. 감찰위원회는 공무원의 위법과 비위를 조사하는 역할을 수행했습니다. 1948년 12월 감찰위원회 설립을 격려하기 위해 방문한 당시 이시영 부통령은 감찰위원회가 조선 시대 민원을 살피고 악질관리를 적발하여 사전에 화근을 없앤 암행어사의 사명을 깨달아야 한다고 하여 감찰의 역할을 강조하기도 했습니다. 이 기관을 오랜 감찰 기능의 역사적 연장선에 있다고 본 것입니다.

감찰위원회는 6년 5개월 동안 활동하면서 농림부 장관의 정부양곡매입비 예산 유용 사건과 상공부 장관의 수뢰 사건을 밝혀내고 파면 의결하는 등 공무원 기강 확립에 큰 기여를 하였다고 평가받습니다. 그러나 상공부 장관의 파면 사건을 처리하는 과정에서 내각과 감찰위원회 사이의 의견 대립이 커졌습니다. 감찰위원회는 당시 임영신 상공부 장관이 국회의원 선거비용의 불법 조달 과정에서 직권을 남용한 사실을 적발하였습니다. 그런데

1949년 3월 14일 국무위원의 징계를 직접 의결하지 말라는 국무총리 통첩에도 불구하고 4월 1일 임영신 상공부 장관에 대한 징계를 의결(파면)한 후 대통령에게 보고한 것입니다.

- 국무총리 : 감찰위원회는 국무위원의 징계 사유가 있는 때에는 징계를 직접 의결할 것이 아니라, 대통령에게 의견을 제출함에 그치고 국회에 이를 통지하도록 통고함.
- 감찰위원회 : 감찰위원회는 대통령의 소속기관이므로 국무위원은 감찰위원회의 직권 범위에 있음. 따라서 국무위원에 대한 징계 의결은 국무위원을 소관하는 대통령에게 전달하고 헌법상 국무위원 탄핵권을 가진 국회에 통고하게 됨.

감찰위원회의 권한 문제에 관하여 논란이 발생하자 이승만 대통령까지 나서서 의견을 밝혔습니다. 감찰위원회는 조사 결과를 결정하지 말고 대통령에게 의견을 제출해야 한다고 하여 국무총리 입장에 손을 들어준 것입니다.

이런 갈등을 겪고 나자 국무위원 측에서는 아예 감찰위원회의 권한을 제한하려고 했습니다. 결국 1955년 2월 「정부조직법」을 개정하면서 감찰위원회를 폐지하고 감찰원을 신설하였습니다. 내각과 불편한 관계였던 감찰위원회 조직의 권한과 기능을 축소한 것이라고 볼 수 있습니다.

정부는 다시 1955년 11월 감찰원 대신 대통령령으로 대통령 소속인 사정위원회를 발족하여 1960년 8월까지 운영하였습니다. 사정위원회는 하위직 공무원 중심의 감찰 활동을 수행하였으며, 징계의결권이 없어 비리 척결에는 미흡한 실정이었습니다. 그러다가 4.19 혁명 이후인 1961년 1월 「감찰위원회법」이 제정되었고 그해 3월 감찰위원회가 새롭게 발족하였습니다.

1962년 12월 26일 국민투표를 통해 개정된 제5차 헌법에서 회계검사와 직무감찰을 모두 담당하는 기관으로 감사원을 설치하기로 규정하였습니다. 이후 1963년 3월 「감사원법」이 제정됨에 따라 정식으로 감사원이 발족하였습니다.

당시 헌법 개정 이유에서는 양 기관의 통합 이유를 이렇게 설명합니다. 회계를 상시 검사 감독하는 심계원과 행정 및 공무원의 비위를 감찰하는 감찰위원회의 두 기능은 성질상 분리하기 어려운 관련성을 가지고 있어 두 기관이 각각 집행하게 된다면 그동안의 경험으로 보아 매우 불합리할 뿐만 아니라 회계검사와 감찰을 받는 피감사기관으로서도 번거로움이 크므로 두 기능의 일원화가 절실히 요청된다고 밝히고 있습니다.

그렇다면 '감사원(監査院)'이라고 이름을 짓게 된 이유가 뭘까요? 이에 대해서는 '감(監)'은 종전의 감찰위원회에서 담당하였던 '직무감찰(職務監察)'에서, '사(査)'는 기존 심계원에서 수행하였던 '회계검사(會計檢查)'에서 각각 한 글자씩 따온 것으로 둘의 합성어로 만들었다는 의견이 있습니다. 그러나 이보다 훨씬 앞선 1895년 조선왕조실록에 이미 '감사'라는 말이 등장했고, 이후 일제강점기 시절에도 그 용어가 사용된 기록이 있는 것을 알 수 있습니다. 결국 '감사'라는 용어는 1963년 감사원 설립 당시에 이미 널리 쓰이고 있어서 기관 이름으로 결정된 것으로 판단됩니다.

'감사'라는 용어가 사용된 일제강점기 때 신문 기사

① 재무제표에 대한 회계감사의 의미로 사용
"상업은행 정기주주총회에서 감사역이 감사 결과를 보고"
(1925.7.24. 동아일보)

② 행정기관 내부에서 상급기관이 수행하는 감독 성격의 사무감사
"내무국장은 … 지방행정사무감사규정을 설치" (1933.7.6. 동아일보)

이후에도 여러 차례 헌법 개정이 있었으나, 현재까지 감사원의 설치와 직무, 권한에 관한 근본적인 내용은 크게 변한 게 없다고 볼 수 있습니다.

우리나라 현대 감사기구의 변화

6) 지금은 감사원

❶ 임무와 개념

현재의 감사원은 헌법에 규정된 헌법기관의 지위와 함께 대통령 소속기관의 지위를 가지고 있습니다. 또한 「감사원법」 제2조에서 "감사원은 대통령에 소속하되 직무에 관하여는 독립의 지위를 가진다."라고 규정하여 독립기관의 지위도 갖고 있습니다. 그리고 감사원장을 포함한 7명의 감사위원으로 구성되는 감사위원회에서 의사를 결정하는 합의제 기관의 지위도 보유하고 있습니다.

그렇다면 감사(監査)는 어떤 의미일까요? 「감사원법」에서는 감사의 정의가 나오지 않지만, 「공공감사에 관한 법률」 제2조에서는 자체감사를 "중앙행정기관·지방자치단체·공공기관 및 그에 속한 사람의 업무와 활동을 조사·점검·확인·분석·검증하고 그 결과를 처리하는 것"이라고 정의하고 있습니다. 더 간단하게 말해보면, 감사는 "감사대상기관과 소속 직원의 업무와 활동의 합법성과 적정성을 검사하고 점검하는 행위"라고 할 수 있습니다.

감사(audit)와 관련해서는 검사, 조사, 수사 등과 같이 비슷한 용어가 여러 개 있습니다. 이런 용어들은 상황에 따라 혼재되어 사용하기도 하지만, 의미와 차이점에 대해서는 보다 명확하게 구분해야 할 필요가 있습니다.

비슷한 용어와 의미 구분

용어	의미	감사와의 차이점
검사 examination, inspection	사실의 옳고 그름을 확인하는 검증 활동으로 감사와 혼용되어 많이 사용	① 비판적 의견을 표명하지 않음 ② 감사에 포함되는 개념 (감사=검사+감독)
조사 investigation	특정 목적을 위해 불명확한 사실을 밝히는 활동	회계·재무 등 감사 활동과 무관한 사항에도 적용
진단 consultation	특정 사안의 어려움을 극복하고자 다른 사람의 의견을 구하는 활동	조사·분석 결과에 대한 개선 권고가 필수 수반
감정 appraisal	전문 지식을 활용하여 사물의 품질과 성능을 판단하는 활동	전문가에 의해서만 가능하고, 사실 판단과 관련
수사 investigation	범죄 혐의 유무를 알기 위해 증거를 수집하고 범인을 찾는 활동	수사기관(경찰·검찰)이 형사별 목적으로 수행

❷ 대통령 소속의 헌법 기관

헌법에서는 감사원에 대해 구성과 업무를 규정하고 있습니다. 이는 법률 개정에 의하여 감사원의 고유 기능인 회계검사와 직무감찰의 권한과 직무 범위를 쉽게 침범하지 않도록 하기 위해서입니다. 결국 국가 최고감사기구인 감사원의 독립성과 정치적 중립성을 보호하기 위한 것이라고 볼 수 있겠습니다.

제4장 정부

제2절 행정부

제4관 감사원

제97조 국가의 세입·세출의 결산, 국가 및 법률이 정한 단체의 회계검사와 행정기관 및 공무원의 직무에 관한 감찰을 하기 위하여 대통령 소속하에 감사원을 둔다.

제98조 ① 감사원은 원장을 포함한 5인 이상 11인 이하의 감사위원으로 구성한다.

② 원장은 국회의 동의를 얻어 대통령이 임명하고, 그 임기는 4년으로 하며, 1차에 한하여 중임할 수 있다.

③ 감사위원은 원장의 제청으로 대통령이 임명하고, 그 임기는 4년으로 하며, 1차에 한하여 중임할 수 있다.

제99조 감사원은 세입·세출의 결산을 매년 검사하여 대통령과 차년도국회에 그 결과를 보고하여야 한다.

제100조 감사원의 조직·직무범위·감사위원의 자격·감사대상공무원의 범위 기타 필요한 사항은 법률로 정한다.

헌법에 따르면 감사원은 국가의 결산을 확인하고 그 결과를 대통령과 국회에 보고하는 결산 확인, 정부의 재무적 활동에 대해 합법성과 경제성·능률성을 검토하는 회계검사, 감사 대상기관의 사무와 소속 직원의 직무를 감찰하여 비위와 부조리를 예방 제거하고 행정 운영의 개선 향상을 추구하는 직무감찰 권한을 가지고 있습니다.

❸ 업무 영역의 확장

이 중 감사원의 핵심 업무 영역은 회계검사와 직무감찰입니다. 이것은 1963년 감사원 설립 이후 변화가 없었습니다. 다만, 최근 새롭게 도입된 제도 중에 의미있는 두 가지를 소개합니다. 「공공감사에 관한 법률」과 감사청구 제도입니다.

그동안 감사원과 자체감사기구 사이에는 역할 분담과 협력 체계가 부족하다는 문제가 있었습니다. 그러다 보니 감사 중복이 발생하거나 감사의 사각지대가 여전히 많다는 문제점을 지적받아 왔습니다. 이런 문제를 개선하기 위해 2010년 3월 「공공감사에 관한 법률」이 제정되었습니다. 이 법률에 따라 자체감사기구의 독립성과 전문성을 강화하고, 감사원 감사와 자체감사 사이의 협력이 강화되는 효과가 발생했다고 평가됩니다. 개별 공공기관에서는 자체감사의 독립성을 강화하기 위해 감사 전담 기구를

우리나라 공공감사 체계

		근거 법률	지위	기능/임무
공공감사	감사원 감사	「헌법」, 「감사원법」	국가 최고감사기구	공공부문 외부감사 국가 회계질서와 공직기강 확립
	자체 감사	「공공감사에 관한 법률」	기관 내부 자체감사기구	기관 내부감사 자체 업무 개선과 기관장 지원

설치하는 비율이 증가하고, 감사책임자를 외부인까지 그 범위를 넓혀 공개 선발하는 경우가 늘어나게 되었습니다.

자체감사기구의 고유한 역할은 크게 세 가지로 정리할 수 있습니다. 자체 업무를 평가하고 자율관리시스템의 역할을 수행하는 내부통제 기능, 업무 적정성을 미리 확보하는 자율정화 역할을 하는 자율적 기능, 사후적발과 처벌보다는 문제점의 시정과 개선에 중점을 두는 업무 개선 기능입니다.

감사청구 제도는 국민과 국회의 요청에 따라 구체적 문제에 관한 사실관계를 확인하거나 업무 처리의 적정성을 점검하기 위해 감사를 실시하는 것을 말합니다. 이것은 기존에 감사원이 자체적으로 감사 대상을 선정하는 것과는 큰 차이가 있습니다. 이를 통해 국민들이 감사에 직접 참여할 수 있는 기회를 가지게 되어 대국민 서비스를 향상시키고 감사의 투명성을 높일 수 있는 반면, 다양한 이해관계자들의 민감한 기대와 가까워질 수밖에 없어 감사원의 독립성과 중립성과 충돌할 가능성이 높아진다는 부정적인 우려도 함께 가지고 있습니다.

외부요청 감사의 기능

1) 행정참여
국가와 지방자치단체를 통해 시민이 직접 감사를 요청함으로써 정책 결정과 집행의 적정성 여부 판단과 대안을 제기

2) 대의민주주의의 보완

국회의 행정부 견제 기능과 더불어 시민이 직접 정부 · 지방자치단체 · 공공기관의 예산 집행과 행정처분에 대하여 감사를 요청함으로써 상시적인 행정 기능의 감시

3) 내부기획 감사 체계의 보완

스스로의 필요에 의해 실시하는 내부기획 감사 체계가 가진 정당성과 필요성의 한계를 보완하고, 국민과 시민단체 등 외부의 요청에 의하여 감사를 실시

우리나라의 감사청구 제도는 다른 나라에 비해 국민의 의견이 감사에 적극적으로 반영되도록 하는 특성을 가지고 있어 국제기구(INTOSAI, World Bank 등)에서도 독창적이고 우수한 제도로 인정받고 있습니다.

감사청구 제도의 종류를 살펴보면, 감사원에서는 국민감사청구, 공익감사청구, 국회감사요구, 감사제보(민원) 등 4가지 제도를 운영하고 있으며, 지방자치단체는 「지방자치법」에 따라 주민감사청구 제도를 운영하고 있습니다.

감사청구 제도의 종류

구분	감사원				지방자치단체
	국민감사청구	공익감사청구	국회감사요구	감사제보(민원)	주민감사청구
법적 근거	「부패방지 및 국민권익위원회의 설치와 운영에 관한 법률」 제72조	「공익감사청구 처리 규정」(감사원 훈령)	「국회법」 제127조의 2	「감사제보의 처리에 관한 규정」 (감사원 훈령)	「지방자치법」 제16조
도입 시기	2002년	1996년	2003년	1971년 (전담부서 설치)	1999년
청구 자격	• 19세 이상 국민 300인 이상	• 지방의회, 감사대상 기관장 • 시민단체(상시구성원 300인 이상) • 19세 이상 국민 300인 이상	• 국회 의결	• 개인, 단체	• 19세 이상 주민 (시·도는 500명, 50만 명 이상 도시는 300명, 그 밖은 200명 범위 내)
청구 대상	• 공공기관의 사무처리가 법령위반 또는 부패행위로 인해 공익을 현저히 해하는 경우	• 공공기관의 사무처리가 위법 또는 부당하여 공익을 해친다고 판단되는 경우	• 감사원의 직무범위에 속하는 사항	• 감사원 감사를 받는 자의 위법·부당행위	• 법령 위반 또는 공익을 현저히 해치는 경우

❹ 끝나지 않은 소속 논쟁

우리나라는 대통령제 국가이면서 국가감사기구는 헌법상 행정부 소속으로 되어 있는 독특한 형태라고 할 수 있습니다. 이 때문에 최근 개헌 논의가 있을 때마다 감사원의 소속과 기능 개편은 항상 논의 대상이 되었습니다. 2017년 국회 헌법개정특별위원회에서도 '헌법 개정 주요 의제'를 논의하면서 "현행 헌법상 감사원이 대통령 소속으로 설치되어 그 역할과 기능이 제약되고 있어 이번 개헌 시 개편이 필요하다는 데 공감대가 형성되었다."라는 의견을 제시하였습니다.

그렇지만 감사원을 어느 소속으로 둘 것인지에 대해서는 여전히 논란이 되고 있습니다. 2017년 개헌 논의 당시에도 여러 의견이 제시되었습니다. 먼저 국민에게 선출되어 민주적 정당성을 가진 국회로 이관하여 행정부에 대한 국회의 감사와 감독 기능을 지원해야 한다는 의견, 국회 이관 시 감사원의 정치적 중립성 확보가 어려울 수 있으므로 독립기구로 설치하는 것이 적정하다는 의견 등이 있었습니다. 흥미로운 것은 지금과 같이 대통령 소속으로 그대로 두어야 한다는 의견은 없다는 점입니다.

최고감사기구가 어디에 속하는지에 따라 서로 다른 장단점이

감사원 소속 형태에 따른 장·단점

	독립기관형	의회 소속형	행정부 소속형
장점	● 직무상 독립과 정치적 중립성 확보 ● 감사의 공정성과 객관성 보장	● 국정감사 · 국정조사와 연계되어 행정부 통제기능의 실효성 향상 ● 의회의 강력한 지지	● 대통령의 강력한 지지로 권한 증가
단점	● 의회 · 행정부 어디에서도 정치적 지원을 받기 어려움 ● 적절한 감사 결과 관리의 어려움	● 공무원 직무감찰의 어려움 ● 정치적 중립성 우려	● 대통령의 영향과 압력 우려 ● 직무상 독립성 확보에 한계

발생할 수 있습니다. 이것은 결국 독립성 확보와 강력한 권한 행사 사이에 선택의 문제라고 볼 수 있겠습니다.

⑤ 회계검사와 직무감찰의 결합

개별 지출의 합법성 여부와 국가 전체 지출의 경제성과 능률성을 중점으로 회계검사를 실시하고, 공무원의 직무상 의무를 제대로 이행했는지 여부를 중점으로 직무 감찰을 실시하는 것이 감사원의 기본 임무입니다.

현대 국가의 정부 기능은 소극적인 규제행정 중심에서 각종 복지와 정보·서비스를 제공하고 지원하는 형태로 변화하고 있습니다. 그리고 대부분의 행정 업무는 예산을 매개로 회계와 직무가 결합된 형태로 수행됩니다. 이에 따라 감사 기능도 과거와 달라졌습니다. 예전 감사에서 회계검사와 직무감찰 기능은 엄격히 별도로 분리될 수 있었습니다. 그러나 최근에는 두 가지 기능이 명확하게 구분되지 않은 채 통합 수행되는 경향을 보이고 있습니다.

먼저 회계검사는 결산을 확인하고 회계 집행을 검증하는 소극적 기능 중심에서 정책과 사업의 효율성을 평가하고 행정시스템을 개선하는 방향으로 발전하고 있습니다. 또한 직무감찰은 원래 비위 공무원 규찰에서 현재는 행정사무의 적정성을 중심으로 정책과 사업에 대한 성과 평가를 실시하고, 법령과 제도를 개선하는 방향으로 확대하고 있습니다. 즉 감사 영역에 있어서 회계검사와 직무감찰의 결합 현상이 발생하는 것입니다.

그리고 세계감사원장회의(INTOSAI)는 1977년 제9차 회의(페루 리마)에서 '감사원칙의 지침에 관한 선언(리마선언문)'을 채택하고, 감사에 관한 국제기준을 제시하였습니다. 감사 기능에 대해서는 기존 회계의 합법성과 합규성에 대한 감사 이외에도 조직과 행정 시스템을 포함한 정부 활동 전반에 대한 감사 실시를 권장하였 습니다. 이것은 국가 최고감사기구에 정책과 사업의 성과 검토라 는 새로운 역할을 부여한 것입니다.

- (INTOSAI 감사기준 제1장 제4조 제2항) 회계의 합법성과 합규 성에 대한 감사유형과 동일한 중요성을 지니는 성과감사 를 제시하면서 성과감사에는 정부의 재정 운용 상황뿐만 아니라 조직과 행정시스템을 포함한 정부 활동의 모든 영 역이 포함된다.

❻ 감사 절차와 결과 처리

감사 절차는 일반적으로 다음 6단계 순서로 진행됩니다. 크게 보면 먼저 계획을 수립하고 감사를 실시하고, 결과를 처리하는 것입니다.

감사 절차 진행 단계

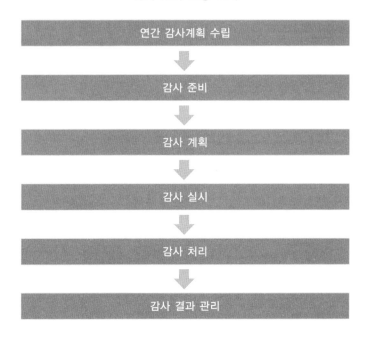

현재 감사원이 감사 결과를 처리하는 방법은 크게 6가지로 나눌 수 있습니다.

① 변상 책임 : 회계 업무를 처리하는 직원이 고의 또는 중과실로 직무상 의무를 위반하여 국가 또는 단체에 손해를 끼친 경

우에 그 손해를 보전하도록 하는 책임을 말합니다.

② 징계, 문책 요구 :「국가공무원법」과 같은 법령에 규정된 징계 사유에 해당하는 때에는 소속 장관에게 징계 처분을 요구할 수 있습니다.

③ 시정, 주의 요구 : 업무 처리가 위법 또는 부당하다고 인정되는 사실이 있는 때에는 잘못된 문제점을 바로잡거나 같은 문제가 다시 발생하지 않도록 주의를 촉구할 수 있습니다.

④ 개선 요구 : 법령 간에 모순이 있거나 행정상이나 제도상으로 합리성이 부족한 사실이 확인되는 경우에는 문제점과 개선 대안을 제시하여 개선하도록 요구할 수 있습니다.

⑤ 권고, 통보 : 업무 처리 기관이 자율적으로 방법을 결정하여 처리할 필요가 있거나 행정 운영의 효율성과 공정성을 위하여 필요한 때에는 제도 개선에 관한 사항을 권고하거나 통보할 수 있습니다.

⑥ 고발, 수사 요청 : 감사 결과 범죄 혐의가 있다고 인정되는 경우에는 수사기관(경찰·검찰)에 고발하여야 합니다. 그리고 증거 인멸이나 도피할 우려가 있는 때에는 수사기관에 신속하게 수사를 요청할 수 있습니다.

제3장

역사 속의 감찰

전성기는 고려와 조선 시대

우리나라는 왕조 국가이자 중앙 집권 국가였습니다. 감찰기관은 기본적으로 왕권을 굳건히 세우기 위한 역할을 수행했습니다. 신라 시대 기록에서 중앙 관리가 역모와 반역을 꾀하다가 적발되어 죽임을 당하거나 지방 관리가 공익을 위배하고 사적인 이익을 탐했다는 이유로 벌을 받고 귀양 보냈다는 사례에서 감찰 활동이 있었을 것으로 추측할 수 있습니다.

우리 역사에서 감찰기관이 본격적으로 활동한 시기는 고려와 조선 시대였습니다. 고려와 조선의 감찰기관은 정치의 잘못을 지적하고 비위 관리를 탄핵하며 잘못된 사회 관습을 바로잡는 역할을 했습니다. 아무리 국왕이라고 할지라도 비판과 공격에서 자유롭지 못했습니다. 또한 중앙 집권의 한계를 극복하기 위해 감찰기관 관리를 지방에 파견하거나 지방 사무실을 설치하여 지방에 대한 감찰 업무도 수행하였습니다.

조선 시대 이중환의 책 『택리지』에서는 감찰기관의 설립 취지와 역할에 대해서 설명하고 있습니다. "우리나라의 관제는 의정부와 6조를 설치하여 여러 관사를 통솔하고 있다. 그렇지만 대간(사헌부와 사간원)에게 논쟁과 탄핵의 중요한 권한을 맡겨서 이들을 견제함으로써 크고 작은 직무 권한이 서로 유지되고, 상하의 관직이 서로 규제하는 것이다." 입법, 사법, 행정이 엄격하게 분리되지 않았던 시대에 감찰 역할을 맡았던 대간 제도는 행정에 대한 입법과 사법적 통제의 역할을 수행한 것으로 볼 수 있습니다.

당당함과 자신감이 넘치는 상대별곡

북한산 남쪽, 한강의 북쪽, 천년 도읍지 한양
광통교를 건너 운종가를 지난 곳에
큰 소나무가 우거진 추상 같은 사헌부
영웅호걸과 한 시대의 뛰어난 인재들
나를 포함하여 몇 사람이나 됩니까?

닭이 울고 새벽이 밝아오는데 서울의 길게 쭉쭉 뻗은 길로
대사헌과 집의 그리고 장령과 지평들이
아름다운 학 무늬 가마로 출근하는데

앞에서 소리치고 뒤에서 호위하며

좌우로 잡인의 접근을 막고

사헌부 관원들이 출근하는 광경이 어떠합니까?

그 모습도 엄숙하도다. 사헌부의 관리들이여.

허물어진 기강을 다시 떨쳐 일으키는 광경.

그야말로 어떻습니까?

이 글은 조선 초 사헌부의 수장 대사헌(종2품)을 지낸 권근이
지은 〈상대별곡(霜臺別曲)〉의 도입부입니다. 사헌부의 위용을 뽐
내며 출근하는 모습과 사헌부 조직 수장으로서의 포부와 권위가
나타납니다. 사헌부는 누구든 잘못이 있으면 사정없이 탄핵하는
기관이라고 해서 서리 상(霜)을 써서 '상대(霜臺)'라고도 불렀습니
다. 사헌부 관리들은 술자리에서도 경기체가인 〈상대별곡〉을 즐
겨 불렀다고 합니다. 또한 사헌부는 까마귀 오(烏)를 써서 '오대
(烏臺)' 또는 '오부(烏府)'라고도 불렀습니다. 이것은 중국 한나라
때의 감찰기관이던 어사대에 잣나무가 줄지어 서 있었는데, 그
나무 위에 수천 마리의 까마귀가 서식하였다는 이야기에서 유래
하였다고 합니다.

어사대 잣나무 뿌리 바위처럼 굳게 뻗어

봄철부터 비와 이슬을 듬뿍 받으면서

겨울에도 여전히 푸르른 자태 뽐냈는데

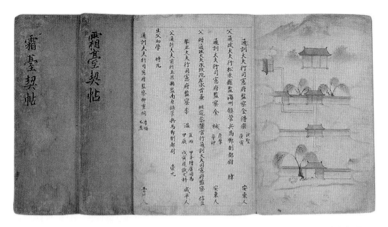

▲ 상대계첩(보물 제1002호). 사헌부 감찰 15명이 모여 친목을 다지는 것을 기념해 제작한 첩

잣나무 위 까마귀들 종적 감춘 채

돌아오지 않고 계수나무에 서식하며

아침 저녁으로 날아갔다 날아오네.

어사대에 있다가 남쪽으로 가는 길손

청하현 날아간 물오리에 신발 한 짝

잣나무 잎 무성하면 까마귀 떠나지 않으리니

돌아와서 또다시 어사대에 앉으시라.

- 장유(조선 중기 문인), 『계곡집』

고려의 어사대와 조선의 사헌부는 잘못된 정치를 논쟁하고 관리들의 비리를 규탄하며, 때로는 임금의 잘못까지도 엄중하게 따지는 곳이었습니다. 그러니 비록 지위가 낮더라도 업무와 태도에 있어서 자신감과 당당함이 넘쳤을 것입니다.

감찰 조직의 자부심은 고려 말기의 대학자인 이색의 한시에서
도 잘 나타납니다.

> 군왕의 보고 들음이 사헌부의 평에 달려 있으니
> 관직의 반열이 스스로 엄정하고 맑게 한다네
> 감히 털끝만큼도 눈과 귀를 속일 수 있으랴

다른 관리를 조사하고 감찰하는 임무를 수행하다 보니 사헌
부의 기강은 모든 면에서 엄격했습니다. 조선 중기의 학자 성현
은 책 『용재총화』에서 사헌부의 엄숙한 출근 분위기를 묘사하
고 있습니다. "대관(사헌부)과 간관(사간원)이 일체라고는 하나, 실
은 같지 않다. 특히 대관의 상하 관계는 다른 관청의 그것보다 엄
하다. 장령(정4품)이 출근하면 지평(정5품)이 뜰에 내려가서 맞이
했고, 집의(종3품)가 출근하면 장령 또한 그렇게 하고, 집의 이하
는 모두 내려가서 대사헌을 맞는 것이 관례였다. 그런데 만일 아
랫사람이 아직 출근하지 않았으면 윗사람이 먼저 왔더라도 잠시
기다렸다가 아랫사람의 영접을 받고서야 들어간다."

그러나 이런 엄격한 출근 의례를 고의로 지키지 않는 경우도
있었습니다. 바로 상관에 대한 항의의 의사표시였습니다. 고려 시
대의 사헌부 이야기입니다. 1389년(고려 창왕 1년) 3월 사헌부 지
평 김첨이 출근하였는데 아무도 뜰에서 맞이하지 않았습니다.

이유는 사헌부에서 서경(관리에 대한 임명 동의권)을 거부하기로 결정했는데 김청이 몰래 서경을 해서 넘겨주었다는 것과 임산부를 살해한 부유한 상인 딸의 죄를 고의로 누락시켜 봐줬다는 것이었습니다.

조정 회의 때에도 사헌부 관료들은 남보다 먼저 들어갔다가 다른 관료들이 다 나간 후에 따로 나갔습니다. 잠깐이라도 같이 있으면 그 사이에 부정한 청탁이 있을까 염려했기 때문이라고 합니다.

조선의 『경국대전』 '예전'에서는 5품 하관이 3품 상관에게 절을 해도 상관은 맞절을 하지 않는다고 했습니다. 그러나 예외 조항에서는 상관이라도 사헌부와 사간원 관리(대간, 臺諫)에게는 답례한다고 했습니다. 비록 직급이 낮은 아래 사람이라도 감찰기관에 대한 예의를 갖추고 존중하도록 한 것입니다. 조선 후기 이유원의 책 『임하필기』에는 이런 일화가 실려 있습니다. "홍언필이 재상으로 있을 때 그의 아들 홍섬이 대사헌이 되었다. 일찍이 길에서 만났는데 홍섬이 말에서 내려 기다리고 서 있으니 홍언필이 즉시 가마에서 내려 몇 걸음을 걸은 뒤 다시 탔다. 그리고 집으로 돌아와 아들에게 탄식하며 말하였다. '아비와 아들이 명예와 지위가 매우 높다. 네가 대사헌으로 길에 서 있는데 내 어찌 감히 아무렇지도 않게 지나칠 수 있었겠는가. 앞으로는 그냥 피하도록 하라.'" 아무리 아버지와 아들 사이라도 재상은 하위 관직인 대사헌에게 깍듯이 예의를 갖추어야 했던 것입니다.

뼛속까지 반골 기질

사헌부와 같은 감찰기관은 불법을 저지르거나 권력을 남용한 사례가 밝혀지면 직위가 높고 낮음을 따지지 않고 누구라도 공격했습니다. 그 대상에는 예외가 없었습니다.

조선 시대 학자 서거정의 글에도 당시 감찰기관의 당당한 태도가 자세하게 묘사되고 있습니다.

어사의 관직은 대대로 중하게 여겼다.

그 맡은 임무가 중하고, 그 책임이 크며,

그 염려 또한 깊은 것이다.

어째서 그런가.

어사다운 어사는 임금에게 허물이 있으면

임금의 노여움을 거스르고 임금의 위엄에 항거하며

무서운 형벌도 두려워하지 않는다.

임금의 노여움에 저항하며 중한 벌을 두려워하지 않고,

어떤 대신이라도 잘못이 있으면 규탄하고,

종친과 외척, 세도가에게 횡포가 있어도 탄핵한다.

얼굴색을 바로 하고 조정에 서면

모든 관료가 떨고 두려워한다.

어찌 그 책임이 중차대하지 않겠는가.

국왕에게도 거침없이 쓴소리하는 모습을 잘 보여주는 사례가 있습니다. 임진왜란으로 국가가 무너질 위기 상황이던 1595년(조선 선조 28년) 7월 사헌부는 나라의 기반을 회복시키기 위한 방법을 담은 장문의 보고서를 왕에게 보고합니다. 당시는 "위급한 환란이 날마다 더 심해져 마치 물에서 헤엄치는 자가 점점 깊은 물로 들어가는 것"과 같은 위기였으며, "시대를 잘못 만난 백성들이 환란을 당해 휘두르는 칼날에 찔려 온몸은 상처 투성이에 시체가 즐비한" 상황이었습니다. 사헌부는 국왕과 관료들의 잘못을 싸잡아서 비판합니다. "조정에서는 온순하고 나약한 풍조가 만연되어 한갓 순종하는 습성만 있을 뿐, 임금이 허심탄회하게 받아들이는 아름다움을 이루게끔 도와주지 못하고 있습니다. 이는 조정에 있는 신하가 책임져야 할 것이지만, 임금께서도 직언을 구하는 요령을 다하지 못한 점이 있는 것 같기도 합니다." 국왕에게는 에둘러서 표현하고는 있지만, 결국 임금의 능력이 부족하다는 점을 분명 지적하고 있는 것입니다.

이렇게 까칠하다 보니 임금의 지시와 조직 수장인 대사헌의 명령도 호락호락하게 받아들이지 않았습니다. 1440년(조선 세종 22년) 11월 왕은 궁녀가 죄가 있다는 이유로 직접 대사헌 조박에게 궁녀를 죽이도록 명하였습니다. 그러나 사헌부 잡단(종5품)에 불과한 안순은 이 명령을 단호하게 거부합니다. "사헌부는 법을 다루는 기관이지 사람을 형벌하는 관청은 아닙니다. 그 죄를 밝히지 않고 죽이는 것은 안 됩니다." 대사헌이 국왕의 명령이라고 했지만 안순은 다시 따지고 듭니다. "사람의 목숨은 지극히 중한 것이고, 죽으면 다시 살아나지 못하는 것입니다. 그 죄를 알지도 못하고 죽이는 것은 의로운 일입니까. 마땅히 조사해서 그 죄를 밝히시기 바랍니다." 결국 왕도 안순의 말을 따라서 조사 후 처리하도록 할 수밖에 없었습니다.

조직 수장도 비판 대상

심지어 사헌부는 자신들의 조직 수장인 대사헌을 탄핵하기도 했습니다. 1413년(조선 태종 13년) 4월 사헌부는 대사헌 안성의 파직을 요청하였습니다. 그가 전라도에 근무할 때 알던 기생을 경상도 관찰사 부임 후 불렀는데 그 기생이 부친상을 당했는데도 돌려보내지 않았으며, 다른 사람의 첩과도 사랑을 나눴다는 이유였습니다.

조직 내부에서 대사헌을 공격한 사례는 또 있습니다. 1507년(조선 중종 2년) 2월 사헌부는 대사헌 이점을 탄핵하였고, 왕은 이를 받아들였습니다. "대사헌 이점은 연산군 시절에 경상도 관찰사로 있을 때 흰 꿩을 임금에게 바쳤습니다. 당시 사헌부와 사간원 권리들이 이를 함께 조사해 파직시킨 일이 있었습니다. 어찌 아첨한 자를 사헌부의 수장으로 임명할 수 있습니까?" 또한 1518년(조선 중종 13년) 7월에도 사헌부 지평(정5품)이 대사헌을 탄핵하는 일이 있자, 대사헌은 결국 그 자리에서 물러나게 됩니다. "대사헌 이항은 부모의 상을 지내는 기간에도 재산 늘리기를 계속하여 집을 지었고, 소금 배를 만들어 이익을 취하였습니다. 대사헌 자리에는 적합하지 않습니다."

이런 개인적인 잘못 이외에도 대사헌의 업무 수행에 대해서도 탄핵하기도 했습니다. 1561년(조선 명종 16년) 4월 사헌부는 직무에 불성실하다는 이유로 대사헌 송기수에 대한 파직을 요청합니다. "송기수는 대사헌으로서 논의된 일들에 대해 모두 지적된 장본인이 있음을 잘 알면서도 즉시 탄핵하지 않았고, 아래에 지시할 때에도 드러내어 지적하지 않고 모호하게 전달하기만 하였으니 매우 잘못하였습니다." 즉 왕비의 인척들이자 당시 권력 실세였던 윤원형 등을 탄핵하지 않았다는 이유였습니다.

조직 수장한테도 이러한데, 당연히 내부 직원에 대한 비판은 더 엄격했습니다. 감찰기관 내부 직원을 탄핵한 일은 고려 시대에도 있었습니다. 1047년(고려 문종 1년) 8월 어사대에서 보고합니다. "얼마 전에 감찰어사가 된 이희로와 홍덕위는 그 자리가 적절하지 않습니다. 이희로는 성품이 조급하여 여러 벼슬을 거치는 동안 이렇다 할 업적이 없었고, 홍덕위는 앞선 임금의 문상 기간이 끝나기도 전에 술자리를 베풀고 풍악을 울려 신하의 도리를 전혀 생각하지 않았습니다. 그들은 어사대 관직에 적합하지 않으니, 그 직에서 파직하소서." 왕은 처음에는 이를 승인하지 않았는데, 어사대에서 다시 간절히 요청하자 결국 그들을 파직하였습니다.

이처럼 다른 사람을 비판하려면 본인의 말과 행동에도 엄격한 잣대가 적용될 수밖에 없었습니다. 조그마한 실수라도 사헌부 관리들은 다른 관리들의 공격 대상이 될 수 있었습니다. 그러다 보니 1401년(조선 태종 1년) 9월 대사헌이 통금 시간을 어긴 죄로 파직되는 일까지 있었습니다. 당시는 치안과 화재 예방 목적으로 밤 8시부터 새벽 4시까지는 야간통행을 금지하는 순작법이 시행되었습니다. 그런데 대사헌 이원이 이를 어기고 밤에 다니다가 순찰원에게 적발된 것입니다. 그러자 사간원은 그를 탄핵하기에 이릅니다. "대사헌 이원은 조정의 기강을 바로잡는 자리에 있는데, 출입과 행동을 구차하게 할 수 없습니다. 그런데도 밤에 함부로 돌아다니다가 적발되기까지 되었습니다." 결국 왕은 그를 파직할 수밖에 없었습니다.

사헌부 관리는 비난을 받으면 그 잘못이 사소한 경우라도 스스로 자리에서 물러나야(피혐, 避嫌) 했습니다. 그런데 피혐이 너무 많이 그리고 자주 발생하면서 문제가 생겼습니다. 직무를 수행할 관리가 없어진 것입니다. 특히 당쟁이 심해진 조선 중기 이후에는 상대 세력의 대간(臺諫, 사헌부와 사간원의 관리)을 공격해서 피혐이 자주 많이 일어나게 되었습니다. 결국 피혐에 대한 비판의 소리도 생겼습니다.

물론 대간이 누리는 특권도 많았습니다. 먼저 근무 일수에 관계없이 승진할 수 있었습니다. 그래서 보통 관료들보다 몇 배나 짧은 기간에 고위직으로 올라갈 수 있었다고 합니다. 게다가 대간이 탄핵이나 간쟁을 하다가 자리에서 물러나면 그 기간도 근무 일수로 계산해 주었습니다. 또한 하급 대간이라고 하더라도 고위직에게만 부여되는 음직(蔭職, 자손들에게 주어진 관직)의 혜택이 부여되었습니다.

그리고 대간들은 불체포 특권을 가지고 있었습니다. 비록 죄가 있어도 재직 시에는 붙잡아 갈 수 없으며, 체포하기 위해 관청 건물 안에 함부로 들어올 수도 없었습니다. 또한 대간들은 범법 행위를 하더라도 형조에서 범죄를 취급하지 않았습니다. 사헌부는 사간원에서 조사하고, 사간원은 사헌부에서 조사하도록 했습니다. 이런 배려는 조직의 체통을 지켜주기 위한 것이었다고 보입니다.

사헌부는 내부 규율과 책임이 엄격한 기관이었지만, 관리라면 누구나 근무하고 싶은 곳이었습니다. 이런 관직을 청요직(淸要職)이라고 불렀습니다. 청요직에 근무하기 위해서는 본인의 능력뿐만 아니라, 집안도 좋고 조상이나 친척 중에도 문제가 될 수 있는 인물이 없어야 엄격한 자격 심사를 통과할 수 있었습니다.

설령 임명된 이후라도 상피 문제가 발생하면 그 자리에서 물러나야 했습니다. 상피(相避)는 업무의 공정성 문제로 인해 가까운 친족은 같은 관청이나 관련된 업무에 근무하지 못하게 하는 제도를 말합니다. 1479년(조선 성종 10년) 5월 대사헌 어세겸이 형제 사이의 상피 문제로 사직을 요청하자 왕이 받아들입니다. "아우 어세공이 지금 병조판서가 되었습니다. 사헌부와 병조는 서로 업무를 살피고 또 정치가 잘못되면 탄핵해야 합니다. 부디 저의 직책을 물러나게 해 주십시오." 그러나 1540년(조선 중종 35년) 2월 사헌부 집의(종3품) 홍섬이 좌의정이던 아버지 홍언필과의 상피 문제로 사직을 요청하였을 때에는 왕은 거부했습니다. "아버지가 재상이 되고 아들이 사헌부 관리가 되는 것이 무슨 혐의가 있겠는가. 서로 의견을 말하는 것은 모두 공론(公論)이니 그다지 방해로울 것이 없을 듯하다."

재좌와 다시

권근의 〈상대별곡〉에 나오는 사헌부 회의 풍경입니다.

> 각 방에서 서로 아침 인사를 마치고
> 관원들이 대청에 재좌하여
> 도를 바로잡고, 의를 밝히고,
> 지금까지의 일을 참작하여 이해득실과 폐단을 시정하고
> 조목조목 구제하여 그 결과를 문서로 올리는 풍경.
> 그야말로 어떻습니까?

사헌부에서 중요한 일을 의논할 때에는 재좌청(齋坐廳)에서 모

임을 가졌습니다. 여기서 재좌(齋坐, 제좌라고도 함)는 몸과 마음을 깨끗이 하여 앉아 있는 것을 말합니다. 이 자리에서는 수장인 대사헌을 포함해 정5품 이상 대관들이 원탁에 둘러앉아 차를 마신 후 서로 업무를 논의하였습니다. 재좌 의식에서는 들어가고 나가기, 맞이하고 보내기, 나아가고 물러서기 등의 예절이 다른 관청과는 비교되지 않을 정도로 자세하고 엄숙하였다고 합니다. 예절이 복잡하고 진지한 이유는 항상 서로 간에 신중한 행동과 말을 요구했기 때문입니다.

1422년(조선 세종 4년) 12월 사헌부에서 재좌하는 절차에 대해 왕에게 보고한 적이 있는데, 이를 보면 계급 순서에 따라 다른 예절을 엄격하게 규정한 것을 알 수 있습니다. "재좌하였을 때 대사헌(종2품)이 임금의 부르심을 받고 출입하게 되면, 집의(종3품) 이하의 관원은 각각 영접하고 전송하는 곳에 순서대로 선다. 집의 이하가 임금의 부르심을 받아 출입하게 되면, 여러 대장들은 그대로 제자리 앞에 일어서고 등급이 낮은 자들은 섬돌 아래에서 순서대로 선다. 장령(정4품)과 지평(정5품)이 임금의 부르심을 받게 되면, 동급 계급인 자는 그대로 자기 자리에 서고 등급이 낮은 자는 섬돌 아래에서 순서대로 늘어설 것이다."

비공개로 진행되는 이 회의에서는 만약 한 사람이라도 찬성하지 않아 합의하지 못하면 거부권의 행사로 국왕에게 상소하는 것을 포기하였다고 합니다. 만장일치로 의결된다는 의미에서 원탁회의 자리(원의석, 圓議席)를 완의석(完議席)이라고도 불렀습니다. 신중하게 협의한 후에 전원이 동의해야 왕에게 보고할 수 있도록 한 것입니다. 1409년(조선 태종 9년) 3월 사간원은 전원 합의 제도의 취지에 대하여 보고합니다. "사헌부와 사간원은 일을 의논하고 의견을 올릴 때에는 하나라도 화합하지 아니한 것이 있으면, 반드시 그것을 먼저 제거한 뒤에야 보고할 수 있습니다." 그러나 이 제도에 대해 조선의 유학자 이황은 언로(言路, 임금에게 보고할 수 있는 길)를 위축시킨다고 비판하기도 했습니다. "각자가 임금의 눈과 귀가 되어 개인의 입장을 가지고 잘못을 논하여야 하는데 반드시 완의석을 열어 협의한 뒤에 임금에게 아뢴다. 의안이 합의되지 않은 경우에는 비록 바른 견해라고 하더라도 보고하지 못한다. 이러므로 폐해가 큰 것이다."

정기적으로 갖는 정례회의를 재좌(齋坐)라고 했고, 매일 갖는 약식회의를 다시(茶時)라고 했습니다. 예의와 규범에 따른 차를 마시는 의식을 거친 후 잘잘못을 가린다는 뜻에서 차(茶)라는 의미를 붙였다고 합니다. 다시 제도 때문에 사헌부에는 다시청(茶時廳)이 있었습니다. 중요한 죄인을 심판하는 자리에는 임금이 직접 참여하기도 했습니다.

조선의 학자 서거정은 책 『재좌청중신기』에서 사헌부의 일과 공간에 대해서 말합니다. "사헌부의 일에는 두 가지가 있었다. 하나는 다시이며, 또 하나는 재좌이다. 다시는 다례의 뜻을 취한 것이다. 사헌부 관리들은 관청의 일반적인 사무를 처리하지 않았지만, 하루에 한 번 모여 차를 마시는 자리를 베풀고 헤어졌다. 국가의 제도가 점점 갖추어짐에 따라 사헌부도 송사를 심리하는 일을 겸했다. 일이 매우 번거로워지자 드디어 이곳을 상시 출근하는 장소로 만들었으니 그래도 정식 관아는 아니었다." 즉 차를 마시는 일은 업무 차원에서 이루어진 것입니다. "사헌부 관리들이 다 모이지 않아서 임금을 뵐 때가 되지 않았으면 잠시 물러나 있기를 말씀드리고 차를 우려서 배고픔을 채웠다. 그런 다음에 다시(茶時)라는 두 글자를 들고 들어가서 임금께 말씀드렸다."

사헌부 관리들은 하루 두 차례 왕에게 업무 보고를 하는 것으로 되어 있었습니다. 그러나 인명에 관계되거나 왕의 실책에 따르는 일, 국가의 중대 사건은 횟수에 제한받지 않았다고 합니다.

사헌부는 법을 집행하는 곳이었던 만큼 업무 절차도 엄격하게 지키도록 했습니다. 1689년(조선 숙종 15년) 8월 사헌부의 인함(印函, 관청의 도장을 넣어두는 상자)을 개봉하는 절차를 개선해야 한다는 건의가 있었습니다. "옛날부터 사헌부 관례에는 대사헌(종2품, 사헌부 수장)과 집의(종3품)가 함께 출근해야 인함을 열 수 있으며 장령(정4품) 이하는 인함을 열 수가 없습니다. 그래서 간혹 급하게 가두어야 할 사람이 있으면 인함이 열릴 때까지 기다릴 수가 없어 백패(白牌, 관직을 증명하는 문서)로 가두게 하였습니다. 그런데 이 관례도 폐단이 큽니다. 사헌부의 인함 여는 일도 융통성이 있어야 마땅합니다." 그러자 왕은 이 문제를 신중히 논의하라고 지시합니다. "사헌부의 인함을 여는 것은 예전부터 전해오는 관례이니 갑자기 고치기는 어려울 듯하다. 백패로 사람을 가두는 것도 폐단이 있으니 의정부에서 신중히 논의하여 처리하라." 그러나 이후에 이 절차가 바뀌었다는 기록은 찾아볼 수 없습니다.

결국 술이 문제

이번에는 〈상대별곡〉에 나오는 사헌부의 흥겨운 술자리 풍경입니다.

> 회의가 끝나고 공무를 마치니
> 감찰들이 의관을 벗고 서로 선생이라 부르며 한자리에 앉아
> 진귀한 요리와 좋은 술을 함께하며
> 서로 권하여 올리는 풍경. 그야말로 어떻습니까?
> 즐겁구려, 선임 감찰이여
> 취한 풍경. 그야말로 어떻습니까?

그렇지만 『용재총화』에 나오는 신입 감찰 환영회 모습은 지금 기준으로 봐도 문제가 될 만큼 지나쳐 보입니다. "신입 감찰은 '신귀(新鬼)'라 하여 온갖 짓으로 욕보인다. 신귀가 방 안의 서까래 같은 긴 나무를 들지 못하면 신귀의 무릎을 위로부터 아래까지 친다. 또 신귀에게 연못에 들어가서 물고기를 잡으라고 명령한다. 그리고 거미 잡는 놀이를 시키는데, 신귀가 손으로 부엌 벽을 더

듬어서 두 손이 새카맣게 변하면, 그 더러운 손을 씻은 물은 신 귀에게 마시게 한다. 이 물을 마시고 토하지 않은 자가 없다." 이 런 술자리 모임이 끝나면 그들은 새벽이 다 되어 사헌부를 상징 하는 노래인 〈상대별곡〉을 부르고 헤어졌다고 합니다.

그러나 이것으로도 끝이 아닙니다. "신귀가 두꺼운 백지로 명 함을 만들고 이름을 써서 날마다 선배의 집에 집어넣는다. 또 선 배가 수시로 신귀의 집에 오면 신귀는 모자를 거꾸로 쓰고 나가 맞아서 술자리를 베푼다." 신입 감찰에 대한 괴롭힘은 다음 날 아침에도 계속됩니다. "이튿날 새벽에 출근하면 상관들이 모두 뜰에 나란히 들어와서 인사한다. 이때 숙직한 선배가 방 안에서 목침을 들고 고함을 지르면 신귀가 재빨리 도망치는데, 만일 조 금이라도 우물쭈물했다가는 반드시 몽둥이로 맞게 된다. 이런 풍습은 유래가 이미 오래되었다."

신입 감찰의 신고식은 이미 오래 전부터 문제가 많았던 것으 로 보입니다. 1405년(조선 태종 5년) 7월 사헌부가 왕에게 보고한 자체 기강 확립 방안에도 관련된 내용이 나옵니다. "새로 된 감 찰(정6품)이 집안 형편과 건강 문제가 있을 때에는 마땅히 허참(許 參, 신입 감찰 환영회)하지 않도록 하십시오." 왕은 이 의견을 따라 허참을 일체 금지하도록 지시합니다.

그런데도 지나친 신입 신고식과 과도한 술자리는 이후에도 계 속되었고 결국에는 큰 사고로 이어지게 됩니다. 1526년(조선 중종 21년) 1월 신입 감찰(정6품) 조한정이 신고식에서 집단 괴롭힘을 당하다가 기절한 뒤에 동료들에 의해 집으로 실려 가던 중에 죽는 사고가 일어났습니다. "사고가 집단 괴롭힘 때문인지 병으로 인한 것인지 조사해 보라." 왕의 지시에 따라 얼마 후 사헌부는 조사 결과를 보고했습니다. "조한정이 만일 본래부터 병이 있었다면 그날 어떻게 출근할 수 있었겠습니까? 도에 지나친 가혹 행위가 있었기 때문에 죽게 된 것입니다."

사헌부의 말과 행동은 항상 신중해야 했으며, 잘못된 행동에는 반드시 그 대가가 따릅니다. 문제가 발생하는 것은 대부분 술과 관련된 경우가 많습니다.

1398년(조선 태조 7년) 7월 감찰 김부와 황보전이 사헌부 회식에서 술을 마시고 집으로 가는 길이었습니다. 좌의정 조준의 집을 지나가면서 김부가 말했습니다. "비록 조준이 큰 집을 지었지만 어찌 오래 거처할 수 있겠는가? 나중에 반드시 다른 사람의 소유물이 될 것이다." 이 이야기는 결국 조준을 거쳐 왕에게 들어가고, 왕은 크게 분노합니다. "개국 공신인 조준의 집이 오래가지 못한다고 한 것은 결국 조선 왕조의 운명이 오래 가지 못한다고 한 것이다." 김부는 극형에 처해졌고, 김부의 말을 듣고도 신고하지 않은 황보전도 처벌받았습니다. 또한 그 술자리에 참석한 감찰 18명 전원이 파면되기까지 했습니다.

1406년(조선 태종 6년) 6월 사헌부는 왕에게 보고하여 감찰 윤창과 이유희를 파면시켰습니다. "감찰은 동료들과 몰려 다니지 말고, 일반인과도 같이 다니지 말며, 늘 보는 눈을 조심하라는 임금의 명령이 일찍이 있었습니다. 그런데도 이를 무시하고, 여럿이 돌아다니며 작당해서 술을 마셨으니 그 죄를 다스리는 것이 마땅합니다."

고려 시대에도 내부 규율을 어긴 행위에 대해서는 엄격히 처벌했습니다. 1372년(고려 공민왕 21년) 2월 윗사람을 모욕하는 낙서를 한 사헌부 관리들에 대한 처벌이 있었습니다. "사헌부 관리들이 벽에 쓰기를 '김존성은 진실함이 없고(無誠), 최사정은 바르지 않고(不正), 유원은 원숭이와 비슷하고(似猿), 안경은 참으로 개 같다(眞犬).'라고 하였습니다." 대사헌이 왕에게 사건을 보고한 뒤에 주모자 등 4명 모두를 유배 보냈습니다. 보이지 않는 곳에서 윗사람을 비난하고 싶은 마음은 예전이나 지금이나 별 차이가 없는 것 같습니다.

사헌부 관리들은 복장에도 엄격한 규제가 있었습니다. 이수광의 『지봉유설』에 나오는 이야기입니다. "사헌부 관리는 보통 관리들과 달라서 비록 수십 년 전만 해도 감히 편한 옷을 입고 거리에 나서지 못하였다. 반드시 자신의 몸가짐을 소박하게 한 후에야 다른 사람들의 부정과 불법을 단속할 수 있는 것이다. 그렇기 때문에 어두운 색깔의 누추한 옷을 입었다. 조련되지 않은 말, 부서진 안장, 짧은 사모, 해진 띠를 착용하였다. 비록 귀족이라도 예전부터의 예를 철저히 지키고 조금도 변하지 않았다." 그래도 조선 중기에 들어와서는 복장 규제가 많이 완화되었다고 합니다. "명종 말년에 논의를 하여 고쳤다. 이로부터 감찰의 옷

색깔은 화려하고 산뜻한 모양이 전보다 나아졌고, 옛날 모습은 찾아볼 수 없게 되었다."

설령 가까운 친구가 세상을 떠났어도 함부로 애통해할 수 없었습니다. 장례 절차가 끝나고 맨 뒤에 조문 행렬을 따라가 홀로 조문하고 홀로 돌아오는 것이 그들의 조문 방식이었다고 합니다.

자유로운 영혼, 사간원

사간원은 사헌부와 유사한 업무를 했지만, 조직 문화는 많이 달랐습니다. 위계질서와 조직 문화가 엄격했던 사헌부에 비하면, 사간원은 누가 봐도 자유로운 분위기였다고 합니다. 『용재총화』에서는 "높고 낮음의 예절이 없었다."라고 표현할 정도였습니다. 엄격한 예절을 중요시하는 사헌부와는 출근길 풍경도 많이 차이가 났습니다. "누구든 기다리지 않고 그대로 들어가며, 만일 윗사람이 먼저 오고 아랫사람이 뒤에 오면, 윗사람이라도 아랫사람을 기다려서 서로 인사하고 자리에 앉는다."

또한 두 기관은 술자리 문화도 달랐습니다. 서거정의 『필원잡기』에서는 "사간원은 날마다 술 마시는 것으로 일을 삼았다."라고 하였고, "한 잔 한 잔 또 한 잔 대사간(大司諫, 사간원의 수장)이 술에 취해 봄바람 앞에 쓰러지네"라는 한시가 전해올 정도입니다.

심지어 금주령이 내린 시절에도 불구하고 사간원 관리들은 태연스럽게 술을 마신 것으로 보입니다. 당시 사헌부 관리들은 검은 옷을 입은 하인이 인도하고, 사간원 관리들은 붉은 옷을 입은 하인이 인도하였다고 합니다. 『필원잡기』에는 사간원 관리를 모시는 하인이 사헌부 관리의 하인에게 "나는 날마다 취해서 얼굴이 붉기 때문에 옷도 붉지만, 너는 사헌부 관리처럼 술을 마시지 않아서 얼굴이 늘 검은 빛이기 때문에 옷도 검은 것이다."라고 놀렸다는 이야기가 나오기도 합니다.

그러나 사간원은 가난한 기관이었습니다. 이긍익의 『연려실기술』에서는 "사간원은 가장 맑고 가난하다(청한, 淸寒)."라고 표현할 정도였습니다. 또한 "표피(표범 가죽) 한 장을 여러 기관에 돌려가면서 빌려주고 이것을 기관의 살림살이 밑천으로 삼았기 때문에 '사간원표피'라고 일컬어졌다."라는 이야기를 전하고 있습니다.

자유로운 분위기의 사간원이었지만, 잘못되었다고 판단한 일에 대해서는 상대가 누구라도 싸움에서 절대 물러서지 않았습니다. 1497년(조선 연산군 3년) 3월 고양 군수로 임명된 채윤공에 대해서 사간원과 사헌부는 글을 모른다는 이유로 반대합니다. "채윤공은 글을 해독하지 못하니, 백성을 다스리기에 적당하지 않습니다." 실제 승정원에서 채윤공을 직접 불러 시험을 보기도 했지만, 결과는 낙제 수준이었습니다. "완(頑)을 돈(頓)이라 읽고 오(汙)를 한(汗)이라 읽고 매(浼)를 면(免)이라 읽고 박(薄)을 부(簿)라고 읽었다."라고 할 정도였습니다. 그러나 영의정 노사신은 수령이 반드시 글에 능해야 할 필요가 없다며 채윤공을 옹호하였습니다. 그러자 사간원에서는 채윤공이 노사신의 집 근처에 살면서 그에게 아부하여 벼슬한 것이라고 공격하기 시작했고, 노사신은 항상 본인들만 맞다고 주장하는 대간(사헌부와 사간원의 관리)의 풍토가 잘못되었다고 반격했습니다. "대간은 한 가지만 뜻에 맞지 않지 않으면 개인 감정이 포함되었다고 말하니 이것이 옳습니까? 이 풍습만은 바로 잡아야 합니다."

양측은 격렬한 싸움을 벌였고, 노사신을 조사하라는 주장을 왕이 받아들이지 않고 오히려 질책하자 사간원 정언(정6품) 조순이 격하게 분노를 표현합니다. "노사신은 우리에게 '고자질을 해서 곧다는 이름을 취득하는 것이다.'라고 하니, 이는 임금께서 대간의 말을 듣지 않으시고 자기 말만을 믿게 하기 위해 감히 음모를 드러낸 것입니다. 노사신의 죄는 극형에 처해도 도리어 부족합니다. 저희들은 그의 살코기를 씹고 싶습니다." 적대적인 공격과 갈등이 결국 정6품에 불과한 하급 관리가 영의정을 향해 '그의 살코기를 씹고 싶다(欲食其肉).'라는 말까지 나오게 만든 것입니다. 결국 왕은 재상에게 극언을 했다는 이유로 조순을 조사하라는 명령을 내렸고, 사간원과 사헌부의 반대에도 불구하고 조순은 결국 파직되고 말았습니다. 이후 노사신에 대한 탄핵이 계속되었지만, 논란의 원인을 제공한 채윤공을 수령에서 파직하는 것으로 이 사건은 마무리되었습니다. 이때 채윤공을 파직한 사유는 사간원에서 처음 주장한 것처럼 글을 알지 못한다는 것이었습니다.

협력 또는 갈등

『고려사』는 고려의 감찰기관인 어사대의 임무를 "정책을 논하고 풍속을 교정하며 모든 관리의 비위를 탄핵"하는 것이라고 하였습니다. 그러나 역시 어사대의 가장 중요한 기능은 관리의 비위를 탄핵하는 것이었습니다. 이점에서 왕에게 간언하고 정치의 잘못을 논박하는 간관(낭사)과는 역할이 구분되었습니다. 1280년(고려 충렬왕 6년) 3월에 왕이 "간쟁은 간관의 업무이므로 감찰사(어사대)가 임금에게 간언하는 것은 그 본연의 임무가 아니다."라고 말하기도 했습니다. 그러나 이런 형식적인 임무의 구분에도 불구하고 실제 두 기관의 역할은 크게 다르지 않았습니다. 필요에 따라서는 두 기관은 힘을 합쳐 군주의 잘못을 지적하고 관리의 비위를 탄핵하였습니다.

고려 시대에 중서문하성 소속이었던 간관은 1401년(조선 태종 1년)에 사간원으로 독립하였고 왕에게 간언하고 정치의 잘못을 논박하는 직무를 계속 담당하였습니다. 왕도 본인의 잘못을 지적하는 사간원의 역할을 존중했습니다. 같은 해 8월 왕이 말합니다. "사간원은 나의 과실을 숨기지 않고 다 말하니, 다른 기관과 비할 바 아니다. 마땅히 우대하여야 한다." 사헌부와 사간원은 합하여 양사(兩司)라고 하였으며, 소속 관원을 '대간(臺諫)'이라고 하였습니다. 대간은 사헌부의 대관(臺官)과 사간원의 간관(諫官)을 합한 개념입니다. 그리고 궁궐의 경서와 서적을 관리하고 왕을 자문하는 임무를 가진 홍문관까지 합하여 삼사(三司)라고 불렀습니다.

흔한 일은 아니었지만, 홍문관이 대간을 탄핵하는 경우도 있었습니다. 홍문관이 이런 권한을 가졌는지는 논란이 될 수 있었지만, 삼사끼리 서로 견제하는 역할을 수행한 것은 사실입니다. 1523년(조선 중종 23년) 10월 사헌부 관료가 국가 중요 행사인 종묘대제에 불참했는데도 사간원이 이를 문제삼지 않았다는 이유로 홍문관이 탄핵했습니다. 이때 왕이 삼사의 상호 견제 역할에 대해 말합니다. "사헌부 관리가 불참했다면 홍문관에서 따지는 것은 당연한 일이다. 사헌부의 잘못을 사간원이 규찰하고, 사간원의 잘못을 사헌부가 규찰하고, 사헌부와 사간원의 잘못이 있으면 홍문관에서 따질 수 있다."

홍문관이 사헌부와 사간원을 공격한 일은 이후에도 또 있었습니다. 1568년(조선 선조 1년) 10월 홍문관이 양 기관의 잘못을 지적하였고, 왕은 이를 받아들였습니다. "환관 주태문이 왕실 무덤 주변의 토지를 남몰래 절에 옮겨 준 간사한 행동에 대하여 사헌부가 탄핵한 지 얼마 지나지도 않았는데 죄인 명단에서조차 그 이름을 빼버렸습니다. 그런데도 사간원은 이를 무심하게 방관만 하고 한마디도 하지 않았습니다. 이들은 대간의 체통을 잃었습니다. 모두 사퇴시키기 바랍니다."

감찰기관인 사헌부는 유사한 성격을 가진 사간원과는 협력 관계이면서도 갈등이 일어날 수도 있는 긴장 관계였습니다. 기관

간의 상호 견제는 정도가 지나칠 때는 부작용도 있었지만, 서로의 공격이 두려워 모든 것을 원칙대로 처리하려고 했고 스스로 깨끗하게 유지하는 데 많은 도움이 되었을 것입니다.

『경국대전』에서 사간원은 "왕에게 간쟁하고 논박하는 일을 맡는다."라고 규정되어 있습니다. 즉 사간원은 왕에게 간언하고 정치의 잘못을 논쟁하는 직무를 관장했습니다. 국왕에게 쓴소리하는 역할을 맡은 사간원과 감찰기관인 사헌부는 때로는 서로 협력해서 의견을 제시하기도 하였습니다. 만약 논의하여 건의한 것을 국왕이 받아들이지 않으면 양 기관은 동맹파업도 실시했습니다. 그러나 때로는 서로를 강하게 공격하면서 견제하기도 했습니다.

1401년(조선 태종 1년) 11월 사헌부는 사간원 관료들이 밤새도록 술자리를 벌여 체통을 어겼다며 공격합니다. 동료가 탄핵당했다는 말을 듣게 된 사간원 한승안은 급히 대사헌의 과거 잘못을 들추며 역공을 펼쳤습니다. 그러나 왕은 한승안의 주장을 받아들이지 않았습니다. "죄가 있으면 바로 탄핵하여 죄주기를 청하는 것이 가능한데, 지금은 사헌부의 탄핵을 당한 후에 죄를 청하는 것이기에 늦었다." 오히려 왕은 사헌부를 뒤늦게 탄핵한 한승안을 파직시켰습니다. 그러나 양측의 싸움은 끝나지 않고 계속되었습니다. 결국 싸움을 보다 못한 의정부에서 건의합니다. "근래에 사헌부와 사간원 중 한 사람이 탄핵을 당하면 남은 사람들이 반드시 잘못을 찾아내서 도리어 탄핵하여 보복하고자 합니다. 이는 선비의 풍습으로 아름답지 못할 뿐만 아니라, 이것으로 인해 임무를 못하게 되는 문제가 생기게 됩니다. 이제부터는 자기의 잘못을 돌아보지 않고 다투어 서로 보복하는 자는 이름을 기록하여 죽을 때까지 벼슬에 임명하지 마시기 바랍니다." 왕은 건의를 받아들입니다. "이제부터 이를 어기면 임금의 명령을 따르지 않는 것으로 하겠다."

1409년(조선 태종 9년) 8월에도 사간원에서 사헌부 수장인 대사헌 유량과 장령 유의를 탄핵하는 일이 발생했습니다. 중국에 밀무역하려던 사건을 덮어 주었다는 것이었습니다. 중국으로 가는 사신이 고위 관리들의 부탁을 받고 포목 3백 필을 숨겨가던 것을 행대감찰이 적발하였는데, 사헌부에서 이 사건을 오랫동안 조사했는데도 관리들을 아무도 탄핵하지 않았다는 이유였습니다. "행대감찰에게 명령하여 적발한 물건들이 이토록 많습니다. 만일 엄하게 징계하지 않는다면 어찌 조사를 명할 것이 있습니까?" 그러나 왕은 이를 큰 문제로 여기지 않았습니다. "사간원의 말이 옳다. 그러나 이것은 작은 일이니 크게 추궁하지 말라." 그러면서 왕은 "내가 부덕하여 이런 일이 일어난 것이다. 나라를 보전하는 것이 큰일이니, 비록 불태운다고 하더라도 연루된 관리들이 어찌 속으로 부끄러워하지 않겠느냐?"고 말하고는 부탁한 사헌부 관리 이름이 쓰인 증거를 불태웠습니다.

공격과 싸움

의금부는 왕의 명령에 따라 중대한 범죄를 조사하는 특수 기구였습니다. 조선 태종 때 만들어진 의금부는 왕권 강화에 협조하지 않는 관료 세력을 제압하는 역할을 수행했습니다. 때로는 의금부가 사헌부를 직접 조사하기도 했고, 서로 공격하기도 했습니다.

1415년(조선 태종 15년) 5월 왕은 사헌부 대사헌과 관료 5명에 대해 의금부에서 조사하라고 명령합니다. 왕의 처남이었던 민무회에 대한 사건 처리의 불만 때문이었습니다. 왕은 정치적으로 본인과 껄끄러웠던 사이였던 처남 민무회를 처단하고 싶었지만, 사헌부는 큰 잘못이 아니라고 보고한 것이 문제였습니다. 이러한 사헌부의 입장은 대역죄에 해당한다고 보고한 의금부와는 달랐습니다. "사헌부는 국가의 법을 관장하고도 제대로 듣지 못하여 죄를 청하지 아니하였고 내용이 한쪽으로 치우쳐서 신하로서 충성된 마음이 없다." 왕은 이렇게 말할 정도로 분노했습니다. 그러면서 의금부에게 사헌부 고위 관료를 모두 압송해서 조사하도록 명령하였습니다. 왕은 이 사건에 대한 입장을 말하면서 사헌부에 대한 강한 불쾌함을 다시 밝힙니다. "내 진실로 그들의 간사한 마음을 더럽게 여겼으나, 꾹 참고 오늘에 이르렀는데 끝까지 참을 수 없어서 지금 옥에 가두어 다스리는 것뿐이다. 우리나라는 본래부터 임금과 신하 간에 예절이 있는 나라라고 했는데 사

102

헌부에서 감히 이럴 수가 있는가? 어찌 감히 기강을 바로잡아야 하는 권력을 가지고도 이같이 행동하는가? 우리나라의 기강이 가소로울 뿐이다." 결국 왕은 의금부의 조사 결과에 따라 민유회의 잘못을 제대로 보고하지 않은 책임을 물어 사헌부 관료들을 감옥에 가두고 귀양을 보내는 등 중형에 처했습니다.

이번에는 1422년(조선 세종 4년) 12월 의금부 도제조 유정현이 왕에게 사헌부의 조사 방식을 비판합니다. "최근 사헌부에서 의금부의 관료를 불러 뜰에 앉혀 놓고, 사헌부 지평(정5품) 이상은 모두 의자에 걸터앉아 조사했습니다. 이는 의금부 관리를 보통의 죄인으로 취급한 것입니다. 더구나 의금부 관리를 사헌부에서 마음대로 불러낸 것은 실로 부당한 일입니다." "이것은 사헌부의 잘못 같다. 내가 그 까닭을 물어보겠다." 왕이 이렇게 대답하고는 사헌부 장령(정4품) 황보인을 불러 이유를 물어봅니다. 그러자 황보인은 잘못된 것이 없다고 답변합니다. "3품은 대청 앞 툇마루에서, 4품 이하는 뜰 아래에서 조사받는 것이 사헌부의 관례입니다. 그것이 잘못되었다고 생각하지 않습니다." 그렇지만 왕은 의금부의 입장을 지지합니다. "임금의 명령 없이 3, 4품의 관리를 대청 앞에 꿇어앉게 하고, 지평까지 모두 의자에 걸터앉아서 조사하는 것은 잘못되었다. 앞으로는 이런 일이 없도록 해라."

물론 사헌부도 의금부를 직접 공격한 적이 있습니다. 1454년(단종 1년) 3월 사헌부는 왕에게 의금부의 잘못에 대해 지적합니다. "가까운 신하가 권력을 남용하는 버릇을 막고, 올곧은 선비가 과

감하게 말할 수 있는 분위기를 만들도록 하십시오. 의금부는 충분히 절실한 사헌부와 사간원의 보고마저도 어지러운 말(亂言)이라고 하여, 죄명을 억지로 만들어 내고 발언을 못 하도록 굳게 막고 있습니다. 이는 후세에 보일 수 없는 일입니다. 의금부 관리의 죄가 큽니다."

또한 사헌부는 왕의 최측근 기관인 승정원과도 갈등이 발생한 적이 있습니다. 승정원은 왕의 명령을 신하들에게 전달하고 신하들의 보고사항을 왕에게 올리는 역할을 했습니다. 바로 옆에서 왕의 업무를 보좌하는 것이니 지금의 대통령 비서실 역할을 했다고 볼 수 있습니다. 승정원은 왕에게 들어가는 모든 보고를 한 번 거르는 역할을 수행했기 때문에 막강한 권한을 가질 수밖에 없었고, 이것 때문에 왕에게 직접 보고하기를 원하는 사헌부와 알력 다툼이 일어나기도 했습니다.

개인의 작은 기 싸움이 조직 전체의 자존심 문제로 커진 사건이었습니다. 1424년(조선 세종 6년) 8월 사헌부 장령(정4품) 양활이 왕에게 보고서를 올리려고 대궐에 갔습니다. 그런데 승정원 관리들이 점심 식사 중이라는 이유로 대궐 뜰에서 그를 기다리도록 했습니다. 그러나 그 뒤 모두 낮술에 취해 양활이 온 사실을 깡그리 잊어버렸다가 해가 저물 때가 다 돼서야 깨닫게 되었습니다. 뒤늦게 좌부승지(정3품) 이대가 나가서 보고서를 받았으나, 미안하다는 인사조차 하지 않았습니다. 머리 끝까지 화가 난 양활이 사헌부에 사건을 보고하여 이대를 탄핵하였습니다. 이러자 왕은 승정원의 잘못을 크게 질책하였고, 승정원 관리들은 술 때문에 저지른 실수라고 울면서 용서를 빌었습니다. 며칠 후에 왕은 대사헌 등과 승정원 관리들을 직접 불러 양측을 타이르고 화해하게 하였습니다.

그러나 승정원은 술로 망신을 주는 방식으로 사헌부에게 반격했습니다. 한 달쯤이 지난 10월 초 왕이 사냥을 나갔다가 수행한 대신들과 술자리를 가졌습니다. 이때 양활은 6명의 승정원 관리들과 화해의 의미로 술을 마셨는데, 큰 그릇으로 각각 한 잔씩 마시고 양활은 취해서 토하고 큰 소리를 지르면서 좌석에 누어버렸습니다. 결국 아전들이 부축하고 나올 정도가 취해 버려서 사헌부 관리의 체통을 잃어버렸습니다. 앞선 사건으로 사헌부한테 탄핵받은 것 때문에 승정원의 여러 관리들이 계획적으로 큰 술잔을 골라서 양활에게 술을 권하여 실수하게 한 것입니다.

그런데 문제는 이후에도 양측의 싸움은 끝나지 않았다는 것입니다. 3년 뒤에 거의 유사한 사건이 다시 발생합니다. 1427년(조선 세종 9년) 5월 사헌부 지평(정5품) 배권이 왕에게 직접 보고하려고 승정원 앞에 가서 아전을 시켜 왔음을 알렸는데, 한참 후에야 아전이 밖으로 나와 들어오라고 했습니다. 배권이 화를 내면서 승지가 직접 나와서 안내하라고 말했습니다. 날이 저물 때까지 이런 실랑이를 벌이다가 결국 배권은 왕에게 보고도 하지 않고 그냥 돌아가 버렸습니다. 이 소식을 들은 사헌부 장령 양활이 다시 나서 승정원까지 찾아가서 말싸움을 하고 돌아옵니다.

"승정원에 들어오지 않고서 도리어 관리를 꾸짖은 뒤 돌아갔으니, 이는 승정원을 멸시하는 행동입니다." 이후 승정원은 왕에게 이 사건을 이렇게 보고하였고, 왕은 배권을 직접 불러 경고합니다. "전례에 없는 일을 어찌 네가 이렇게 괴상스럽게 구느냐. 다시는 그러지 말라."

그러나 바로 대사헌은 승정원이 잘못한 것이라고 주장합니다. 이제는 조직 간의 싸움으로 번지게 되었습니다. "배권이 승정원 문밖에 서서 오래 기다린 뒤에 관리가 직접 나오지도 아니하고 아랫사람을 시켜 들어오라고 전했습니다. 이것은 심히 무례한 것으로 임금의 총명을 속인 것입니다. 이러면 말하고 싶은 일도 오히려 보고하지 못할 수 있습니다. 사실을 조사하여 바로잡으십시오." 그러자 왕은 의금부에게 조사하도록 지시하였습니다.

그런데 의금부는 이 사건을 조사한 후 오히려 사헌부를 공격합니다. "예전부터 비밀스러운 일과 풍속을 더럽힌 일과 같은 중대한 것은 비밀로 보고하고, 나머지 크고 작은 일은 모두 승정원에 나아가 직접 보고하도록 하였습니다. 이제 사헌부가 기존의 법률을 살피지 아니하고 도리어 망령되게 승정원을 공격하는 것은 부당한 일이니, 죄를 주시기 바랍니다." 이러자 왕은 승정원의 편을 들어줍니다. "대간은 말과 행동을 경솔하게 하여서는 안 되는 것이다. 사헌부가 이제 일개 지평의 말을 가지고 승정원 전체가 임금을 속였다고 공격하는 것은 너무 경솔한 것 아닌가." 왕은 사건을 일으킨 주범인 양활과 배권을 파직시키고, 나머지는 모두 좌천시켰습니다.

사헌부에 꽂힌 화살

법을 집행하는 기관인 사헌부는 다른 이들로부터 많은 원망을 받을 수밖에 없었습니다. 그러나 누군가는 담당해야 할 중요한 업무였기 때문에 비난과 견제에도 조직의 위상은 굳건히 유지되었습니다. 그런데 사헌부를 공격하는 상징적인 일이 있었습니다.

1516년(조선 중종 11년) 6월 사헌부의 대문에 두 개의 큰 화살이 꽂힌 사건이 발생했습니다. 누군가가 의도적으로 사헌부를 향해 쏜 화살입니다. 사헌부는 사간원과 함께 곧바로 이 사건을 왕에게 보고합니다. "어제 사헌부의 대문 두 문짝에 두 개의 큰 화살이 맞아 있었습니다. 이것은 원망하는 사람이 사헌부의 관원을 겁나게 하려는 까닭일 것입니다." 그러자 사간원도 이에 힘을 실어줍니다. "국가에서 그 사람을 끝까지 조사해야 하며 그냥 버려두어서는 안 됩니다." 그러자 왕은 이 사건을 철저히 조사하라고 명령합니다. "사헌부는 나라의 기강을 맡는 곳인데도 큰 변이 있으니, 나라의 기강이 어찌하여 이렇게까지 되었는가? 빨리 포상을 걸어 잡아들이도록 하라." 그러면서 우의정 등에게 군사로 하여금 널리 도성 안을 뒤져 범인을 찾으라고 명령했습니다.

그러나 다음 달이 되어도 범인은 잡히지 않았고, 왕은 다시 한

탄합니다. "근래 인심이 흉악하니 분명 사헌부를 원망하는 자가 한 짓일 것이다." 이런 일이 생기자 대사헌 등은 본인의 잘못이라며 자리에서 물러나기를 여러 차례 요청하지만, 왕은 이를 거부합니다. "한 읍의 수령이 화살을 받으면 반드시 사람을 교체하게 되기 때문에, 갈아 치우려고 하는 사람이 있으면 화살을 쏘는 것이다. 이제 만약 대간을 교체해 버린다면 잔꾀가 만연하게 될 것이다."

이후 8월이 돼서야 사건의 용의자 20명이 추려졌습니다. 그러자 이번에는 용의자가 너무 많다는 대신들의 비판이 나옵니다. "당초에 사헌부가 행적이 명백한 자 2, 3명만을 보고할 것으로 생각하였는데 용의자 숫자가 너무 많습니다. 근거가 확실하지 않은 일을 가지고 매질을 가하며 조사하면 사람이 죽게 되는 등 문제가 될 여지가 크다고 봅니다." 이렇게 되자 왕도 신중한 조사를 지시할 수밖에 없었습니다. "의심할 만한 단서를 얻지 못하였는데도 과도하게 조사하려고 하니 무슨 일인가. 한두 사람이라도 의심할 단서를 얻은 후에 형벌을 가해라. 이것이 당초 나의 뜻이다."

이후 대사헌과 대사간이 화살 쏜 자들을 끝까지 강하게 추궁할 것을 다섯 번이나 재차 요청하였지만, 왕은 옥에 갇힌 용의자들을 모두 풀어주라고 명령하는 것으로 결국 사건은 흐지부지 끝나버렸습니다.

시련과 몰락

권력의 입장에서는 거침없이 직언을 날리는 사헌부는 언제나 골치덩어리였을 겁니다. 국왕에게 사사건건 간섭하는 기관이다 보니 분명 미운털이 박힐 수밖에 없었습니다.

특히 강력한 왕권을 원했던 세조는 관료 중심의 정치를 지향한 사헌부에게 적대적인 태도를 보였습니다. 게다가 유교적 이념에서 볼 때는 세조는 조카인 단종의 왕위를 강제로 빼앗은 왕이었기 때문에 이런 갈등은 더욱 심할 수밖에 없었습니다. 비교적 집권 초기인 1436년(조선 세조 2년) 5월 사헌부에서 백성들의 미신 행위를 금지해야 한다는 건의를 하자, 왕은 반대합니다. "나는 우선 조그마한 금지령을 시행하지 않으려고 한다. 지금 사헌부에서 한낱 법조문에만 얽매어 강제로 잡다한 일을 금지하고 있다. 무릇 나의 말이 곧 법이다. 오늘날의 유학자들은 큰 것을 돌아보지 않고 오로지 눈앞의 사소한 일만을 힘쓰니, 매우 옳지 못한 일이다." 왕이 본인 말이 곧 법이라고 선언한 것입니다. 이것은 곧 골치 아픈 사헌부의 의견 따위는 듣지 않고 내 마음대로 하겠다는 의미였습니다.

이후 세조는 당시 25명이던 사헌부 감찰을 5명이나 줄이고, 지방에도 기존의 사헌부 소속의 행대감찰이 아닌 왕이 직접 파견하는 분대어사를 임명해 사헌부의 권한을 약화시키려는 시도를 했습니다.

조선 명종은 12살의 어린 나이에 왕이 되었습니다. 어머니 문정왕후가 대리청정했고, 모든 권력은 문정왕후에 집중될 수밖에 없었습니다. 그러나 불교를 숭상했던 그녀가 강하게 불교의 편에 서자 유교 국가로서는 큰 문제였습니다. 1553년(조선 명종 8년) 11월 용문산 상원사의 주지승 신회 등이 문정왕후를 위한 건물인 내원당을 짓는다는 이유로 이웃 주택을 철거하고 논밭을 빼앗은 사건이 발생했습니다. 주민들이 억울함을 호소했으나 왕실 재산을 관리하는 내수사에서는 절의 편을 들어줬습니다. 주민들이 사헌부에 다시 문제를 제기하자 사헌부는 이 사건을 조사했습니다. "주지 신회가 양민을 괴롭히고 계략을 꾸민 것은 이루 다 말할 수 없는데, 이들을 처벌하지 않는다면 다른 자들도 앞다투어 다른 백성들의 논밭을 빼앗을 것입니다. 그 땅을 모두 되돌려주고 신회 등을 처벌해 주십시오." 왕은 문정왕후가 두려워 처벌을 거부했습니다. 그러나 사헌부는 포기하지 않고 이 문제를 계속 제기했습니다. 결국 화가 난 문정왕후는 사헌부 지평을 교체해 버렸습니다.

조선의 사헌부는 왕권을 견제하는 기구로서 그 역할을 충실히 수행했다는 평가를 받았습니다. 그러나 제 역할을 한 건 조선 중반기까지였습니다. 이후 붕당으로 인해 정치적 갈등이 심해지자 사헌부도 그 기능이 변질되었다는 평가를 받습니다. 집권 세력의 거수기 노릇을 하는 데 충실했던 것입니다.

변질된 것으로 평가되는 대표적인 사건은 1578년(조선 선조 11

년) 10월 사헌부와 사간원이 합동으로 형제인 윤두수와 윤근수를 공격해서 파직시킨 일입니다. 당시는 동인과 서인이 나눠 서로 주도권 다툼을 할 때입니다. 동인 수장이던 허엽이 자신들이 장악하던 사헌부와 사간원을 이용해 서인 측의 윤두수와 윤근수를 탄핵한 것입니다. 죄목은 진도 군수로부터 뇌물을 받았다는 것이었는데, 이때 서인 소속인 대사간 김계휘는 무고라고 주장했습니다. 이러자 동인에 속한 사헌부 이발은 물증을 잡기 위해 뇌물을 보관한 혐의를 받은 시장 상인을 붙잡아 조사했지만, 아무런 증거를 찾지 못했습니다. 결국 왕은 사헌부가 동인의 당파 이익을 위해 일을 편파적으로 처리했다며 상인을 석방하였습니다. 중립을 지켜야 할 감찰기관이 특정 세력을 위해서 일하거나 계략에 직접 활용된 것입니다.

또한 사헌부의 힘이 막강하다 보니 그 권력을 마구잡이로 남용하는 사람들도 나타났습니다. 1807년(조선 순조 7년) 11월 한성부는 사헌부에서 일하는 아전의 행패를 고발합니다. "사헌부의 말단 아전이 효력이 사라진 장령(정4품)의 위임장을 이용해 민간의 노비를 결박하고 구타해서 돈과 물건을 뜯어냈습니다. 이는 사헌부 아전이 뇌물을 받고 행패를 부린 것으로서 무고한 백성이 곤욕을 당한 것입니다. 이런 일을 엄히 금지하고 막지 않으면 도성 사람은 실로 편안히 살기 어렵습니다." 왕은 이를 조직 기강에 관한 사건으로 보고 엄중히 조사하도록 지시하자, 비변사에서 조사 결과를 즉시 보고하여 왕의 허락을 받습니다. "사헌부 아전 4명이 장령 윤지현의 옛 위임장을 가지고 노비를 붙잡은 후 뇌물 30냥을 받고 풀어준 것은 모두 사실이었습니다. 아전들이 행패를 부린 것은 엄히 처벌하고, 사헌부의 체면을 많이 손상시키고 앞으로의 폐단을 염려하여 장령 윤지현도 파직해야 합니다."

앞에서 말한 피혐(避嫌) 제도도 본래의 사헌부 기능을 크게 약화시켰다는 평가를 받습니다. 피혐은 공격을 받은 사람이 정당성을 지킬 목적으로 의혹을 피해 사표를 내는 걸 말합니다. 그러나 당쟁이 격화되면서 대간(臺諫)들은 사소한 일로 공격받아도 스스로 자리를 물러나려고 했습니다. 아침에 임명되면 저녁에 교체된다는 이야기가 있을 정도였습니다. 조선 경종(1720~1724) 재위 4년 동안에 사헌부는 총 230명, 연평균 58명이 교체되었다고 합니다. 이렇게 자주 바뀌면 업무라도 제대로 파악할 수 있을까 싶을 정도입니다.

피혐으로 인한 사퇴가 많아진 것은 당쟁으로 상대방 세력에 대한 공격이 심해졌기 때문입니다. 대간으로서의 역할을 수행하려고 하면 상대 세력에서는 어떤 작은 빌미라도 꼬투리를 잡아서 공격하면 바로 사직시킬 수 있었습니다. 이러다 보니 언제 곤란한 지경에 빠질지 모르기 때문에 대간 스스로도 빨리 물러날 기회만 엿보게 되었습니다. 조선 후기 실학자 이익은 『성호선생문집』에서 대간의 지나친 피혐을 비판하였습니다. "사람들이 일을 꺼리고 숨기고 피하기만 하는 것은 오래된 잘못이다. 대간은 한번 문제가 발생하면 죽기를 무릅쓰고 물러나기만 한다. 혐의를 받았으니 무조건 물러나야만 한다고 핑계를 대곤 한다."

대간 제도의 폐단이 심해지자 여러 학자들이 개혁안을 제시했습니다. 특히 정약용의 경우에는 아예 대간제도를 폐지하자고 주장했습니다. "감히 다른 관리들을 논박하지 못하는데 어찌 군주에게 간언할 수 있겠는가? 아침에 임명되었다가 저녁에 교체시켜 마치 물결이 모래를 세차게 씻어내리듯이 하여 3일 동안 일을 한 사람이 드물게 되었다. 차라리 대간을 없애면 임금의 덕이 바로 서고 모든 관료가 제 할 일을 다하게 되고, 기강이 바로잡힐 것이다."(『경세유표』, 『여유당전서』)

조선 후기로 접어들면서 나라의 국운은 쇠약해졌고, 세도 가문의 힘은 더욱더 강력해졌습니다. 그 사이에서 위풍당당했던 사헌부의 존재 의의는 더이상 찾아보기 어려워졌습니다. 결국 1894년 갑오개혁으로 인해 사헌부는 역사 속으로 사라지게 됩니다.

제4장

오지랖 넓은
사헌부

일찍부터 일하고 늦게 퇴근한다

그렇다면 감찰기관인 사헌부가 실제로 수행한 업무 범위는 어디까지였을까요?

사헌부 업무의 기본은 관리의 비위를 탄핵하고, 잘못된 정책을 공격하는 것입니다. 그러나 사헌부는 이러한 궁궐 내부 일뿐만 아니라, 민간 행사를 점검하거나 가짜 시장 물품까지도 조사했습니다. 1422년(조선 세종 2년) 2월 고려 때부터 매년 봄과 가을에 스님들이 도성에 모여 불경을 외우며 나팔을 울리고, 질병과 재앙을 물리치는 경행(經行) 행사에 감찰이 따라다니면서 살펴보기도 했다고 합니다. 그리고 1445년(조선 세종 27년) 11월 사헌부는 가짜 판매 물건의 조사 계획을 왕에게 보고하여 허락받습니다. "지금 시장의 공장과 상인이 판매하는 물건은 대개 가짜입니다. 자루에 모래를 넣고 쌀로 덮거나, 나무껍질 조각으로 신발 속에 넣는 것과 같은 종류는 일일이 사례가 들기가 어렵습니다. 백성들이 매번 속아서 사는 대로 곧 잘못되니, 헛되게 값만 버립니다. 이런 사기가 날마다 늘어나고 있으니 감찰이 이를 조사할 수 있도록 해 주십시오.”

사헌부는 시장에서의 부당한 상거래와 중국에 파견하는 사신단의 행위도 감시했습니다. 그러다가 중국과 밀거래를 도모하는 상인 무리가 뇌물을 건네는 것을 적발하기도 했습니다.

한마디로 사헌부는 맡은 일이 너무나 다양하고 여기저기 많은 곳에 다 끼어드는 '오지랖 넓은 기관'이었습니다. 이러다 보니 사헌부 감찰(정6품)은 새벽부터 밤늦게까지 정신없이 바빠서 '조사만퇴(早仕晚退, 일찍부터 일하고 늦게 퇴근한다)'라는 말까지 있었다고 합니다.

다양한 분야에 많은 일을 하던 사헌부였지만, 정작 하고 싶지 않은 일도 있었습니다. 1689년(조선 현종 9년) 4월 사헌부에서는 진휼의 감독 업무를 그만할 수 있도록 건의합니다. “사헌부 관리들에게 낮은 일을 시키지 않은 것은 품위를 중하게 한 때문입니다. 근래 진휼(흉년에 가난한 백성에게 곡식을 나눠 주는 일)을 감독하는 책임을 맡겨 날마다 강가에 나가 곡물을 감독하게 하니 마치 창고지기와 같습니다. 비록 예전부터 해온 전례가 있다 하지만, 이는 잘못된 것입니다. 이제부터는 다른 관청에 이 일을 맡겨 사헌부의 체통을 살려 주십시오.” 그러나 왕은 업무의 숙련성을 평계로 이를 거부합니다. “진휼 업무는 바야흐로 시급하여 서투른 자에게 맡길 수가 없다. 융통성 있게 업무를 하는 것이 옳다.”

모든 관료들이 두려움에 떨다,
규찰과 탄핵

관리의 근무 태도와 직무 수행 내용이 잘못되거나 사생활을 감찰하고 비위나 불법이 발견된 경우에 탄핵하는 것을 말합니다. 탄핵의 주요 대상은 고위 관료였으며, 감찰기관의 비판과 공격은 매서웠습니다. 특히 고위 관료들일수록 감찰기관에게 탄핵받는 것을 두려워했습니다. 탄핵은 바로 양반 세계에서의 사회적 매장으로 이어질 수 있었기 때문입니다. 감찰기관의 관리들은 회의에서 군주의 잘못, 관리의 비위 등을 논의했습니다.

사헌부로부터 잘못을 지적받은 관리는 스스로 자리에서 물러나는 것이 관례였습니다. 실제 1515년(조선 중종 10년) 4월 홍문관 부제학 등이 경연관의 업무 처리가 잘못되었다고 사헌부로부터 지적을 받자 재직하는 것이 부끄럽다면서 사퇴하기도 했습니다. 사헌부 스스로 엄중하게 업무 처리를 하였을 뿐만 아니라 본인들의 허물에 대해서도 엄격했기 때문에 가능한 일이었을 것입니다.

1032년(고려 덕종 원년) 1월 어사대에서 평양 지역의 관리들을 탄핵하자, 왕이 이를 받아들입니다. "왕희걸과 유백인 등은 서경(평양) 지역을 나누어 맡아서는 공무를 태만히 하면서 토지를 욕심내고 재물을 불렸으니 관직을 박탈해 주소서."

1201년(고려 신종 4년) 7월 무관 노언숙이 권력자의 부탁이라는 구실을 들어 창고 보관 중인 쌀을 무단으로 꺼내어 가는 사건이 발생합니다. 창고를 지키던 경비의 보고로 어사대에서 조사해 보니 모두 사실로 밝혀졌습니다. 가져간 쌀을 모두 회수하고 노언숙과 창고 관리 등 책임자 20여 명을 귀양 보냈습니다.

1217년(고려 고종 4년) 6월 어사대는 무능한 관리들을 탄핵합니다. "정방초와 조충은 적을 보기만 해도 두려워하여 싸우지 않고 군사를 버리고 달아나서 병사를 잃었습니다. 또한 군사 문서와 무기를 모두 적에게 빼앗겼으니 관직을 파면하소서." 왕이 처음에 받아들이지 않자 어사대에서 다시 요청하였고 결국 받아들였습니다.

1435년(조선 세종 17년) 11월 사헌부가 장물죄를 범한 이즙을 추천한 사람을 처벌하도록 탄핵하였고, 왕은 그대로 수용하였습니다. "이즙은 장연 현감으로 있을 때 백령도의 국마 두세 필을 도적질한 사실이 있어 장물죄로 파직당했던 사람입니다. 신하가 임금에게 터럭만 한 일도 속여서는 안 되는데 하물며 사람을 천거하는 일이 아닙니까? 이조전랑 안질, 참판 봉려와 도승지 신인손은 파면된 이유를 제대로 보고하지 않았으니 마땅히 법에 따라 처벌해야 하겠습니다. 또 황해 감사와 강원 감사는 일찍이 이즙을 추천하였으니 마땅히 처벌해야 하겠습니다."

1443년(조선 세종 25년) 2월 왕은 눈병에 효험이 있다고 하여 온양 온천에 2~3개월 지내다가 돌아왔습니다. 이때 왕을 수행한 관리들에게 충청도 감사가 쌀과 콩 백여 섬을 준 일이 있었습니다. "충청도 감사가 관리들에게 쌀과 콩을 주었으며, 여러 조정 관리들이 부끄럽게 생각하지 않고 이를 받았습니다. 끝까지 조사하여 벌을 내리시기 바랍니다." 사헌부 관료인 이종겸이 관련자들을 탄핵하였지만, 왕은 처벌을 거부합니다. "이는 모두 예전의 관례에 따른 것이니 반드시 벌을 주어야 할 것은 아니다. 만약 벌을 주려면 조정의 모든 관리를 바꾸어야 할 것이고 국가에도 수치스러운 일이 아니겠는가?" 이러자 이종겸이 다시 주장합니다. "비록 관례라고 하나 모두 불법입니다. 특히 김조와 성봉조는 충청도 감사에게 직접 요청까지 하였다고 하니 다른 사람의 죄와는 비교도 안 됩니다." 며칠 후에도 이종겸이 또다시 두 사람을 처벌할 것을 요청하자, 왕은 결국 김조와 성봉조를 좌천하였습니다.

목숨을 걸고 말씀드립니다, 시정 논집

감찰기관에서는 현실 정치나 정책에 대해서도 과감하게 비판하였습니다. 왕의 말과 행동에 잘못이 있는 때에는 이를 바로잡기 위해서 직언도 서슴치 않았습니다. 정치, 경제, 행정, 군사와 같이 다양한 분야를 망라했습니다. 물론 절대 권력을 가진 왕에게 바른말을 하기 위해서는 대단한 용기가 필요했을 것입니다.

1048년(고려 문종 2년) 3월 어사대에서 왕에게 보고합니다. "임금께서는 얼마 전에 파종이 시작되었는데 비가 제때 내리지 않으니 두렵다고 하셨습니다. 농사가 시작되었는데 대운사와 대안사의 건축공사가 한창 진행되어 많은 사람들이 동원되고 있습니다. 청장년과 목수들이 절의 건축에 모두 동원되어 한 해 농사를 망칠 지경입니다. 한 사람의 농부가 농사를 짓지 않아도 굶주리는 사람이 반드시 생기는 법인데 어찌 농사 시기를 놓치게 할 수 있겠습니까? 두 절의 공사를 농사가 끝난 뒤로 미루게 하소서." 이러자 왕이 건의를 받아들였습니다.

1362년(고려 공민왕 11년) 2월 지진이 발생하고 자연재해가 계속 일어나자 왕이 바른 조언을 구하였으니 감찰대부 김속명이 건의합니다. "지방에서 잘살고 못사는 것은 수령에게 달려 있는데, 면목과 정실에 얽매어 글자를 모르는 자까지 마구 천거하고 있습니다. 지금부터는 반드시 그 사람을 불러 보신 후 부적격자로 인정되면 추천한 자를 처벌해야 할 것입니다. 또한 수해와 추위로 인한 피해가 자주 발생한 것은 죄인을 자주 용서한 까닭입니다. 지금부터는 죄 있는 자를 함부로 용서하여 간악한 자를 기르지 마시기 바랍니다." 김속명이 사면의 폐단을 말하자, 왕이 김속명을 질책하며 대단히 노하였습니다. 그때 지도첨의 유숙이 말합니다. "바른말을 구하시고도 바른말에 대해 노하시는 법이 어디 있습니까?" 이러자 왕의 노여움이 다소 누그러졌다고 합니다.

1383년(고려 우왕 9년) 8월 사헌부 등이 왕의 잘못된 행실에 대해 말합니다. "임금께서는 한 필의 말을 타고 안전하고 깊은 궁궐을 떠나 나가 노는 것만을 일삼으며 밤낮으로 길거리 속을 달리고 있습니다. 지금은 위태하고 어지러워 어려움이 많은 만큼 더욱 조심하고 두려워해야 하며, 바른 정치를 행하여 민심을 수습해야 합니다." 그러나 왕이 이렇게 직언을 말하는 사헌부를 두려워하고 꺼린다는 것을 잘 알고 있는 환관은 왕의 입장을 옹호합니다. "사헌부는 모두 임금께서 임명하신 것이니 만약 뜻에 거슬린다면 교체하는 것이 어찌 어렵겠습니까?" 이로부터 왕은 사헌부를 더욱 가볍게 여기고 다시 거리낌 없이 놀면서 사냥하기에 빠졌다고 합니다. 이로부터 불과 5년 후에 조선을 건국한 이성계가 주도한 위화도 회군 사건이 발생하였습니다.

1395년(조선 태조 4년) 4월 대사헌 박경이 왕에게 토지 제도의 문제점에 대해 보고합니다. "고려 말기에 토지 제도가 문란해져 지방 호족들이 토지 경계를 함부로 무너뜨려 분쟁이 늘어나고 서로 싸우는 일이 많아졌습니다. 토지의 잘못된 경계를 바로잡고 앞으로 공신에게는 경기도 토지만을 주도록 해야 합니다. 만약 경기 이외 지방에 토지를 주게 되면 서로 욕심을 부려 사람마다 다투고 결국 국가 소유의 토지는 사라지게 될 것입니다." 왕이 도평의사사에게 의논하게 한 후 사헌부 의견을 그대로 시행하였습니다.

1400년(조선 정종 2년) 4월 대사헌 권근이 왕에게 사냥을 그만두도록 건의합니다. "올해 봄부터 찬 바람만 불고 비가 오지 않았습니다. 초여름에도 서리가 자주 내려 하늘을 두려워하고 백성을 근심하여 재앙을 없게 할 때입니다. 그런데 말을 달리고 사냥하는 것은 하늘을 두려워하는 태도가 아닙니다. 또한 농사가 한창 바쁜데 군사들이 밭이랑을 짓밟으니 백성을 근심하는 태도가 아닙니다. 부디 사냥에 나서지 마시기 바랍니다." 결국 왕은 사냥을 그만두기로 합니다.

1433년(조선 세종 15년) 1월 사헌부는 신문고 제도의 폐해에 대해서도 보고합니다. "근래에 신문고를 치는 자는 오직 개인사만 호소합니다. 무고하는 자, 함부로 관청에 고하는 자, 절차를 거치지 않고 임금에게 바로 호소하는 자를 모두 그대로 두고 죄를 따지지 않기 때문입니다. 나쁜 무리들이 조금만 불평이 있으면 관리를 대면하여 '내가 마땅히 신문고를 치겠다'라고 욕지거리를 하고, 흔히 웃어른과 다투어 이기지 못하면 '내가 마땅히 신문고를 치겠다'라고 대듭니다. 또 때로는 바르게 판결한 것을 잘못 판결했다고 망령되게 일컫고, 때로는 판결이 확정되지 않은 것을 확정되었다고 망령되게 일컫기도 합니다. 이로 인해 소송이 복잡하게 늘어나니 염려하지 않을 수 없습니다."

풍속 교정과 기강 확립

의례, 복장, 가정생활, 풍습이 법도에 어긋나거나 사회 관습에 위반한 사항이 있는 경우에도 사헌부는 이를 처벌하고 바로잡았습니다. 또한 관리의 근무실태를 점검하고 각종 국가행사와 회의 참석 여부까지도 확인하였습니다. 주로 광화문의 망루인 동십자각과 서십자각에서 교대로 근무하면서 경복궁을 출입하는 관료들의 행동이 예의에 어긋나는지를 살펴보았다고 합니다. 만일 관리 가운데 병을 핑계로 회의에 무단으로 결석하면 사헌부에서 조사하고 죄를 논하였습니다. 특히 사헌부 감찰은 조회 때마다 문관과 무관 뒤에 서서 관리들의 무질서를 감시하기도 했습니다.

심지어 영의정 황희도 이 때문에 곤혹을 치른 적이 있습니다. 1431년(조선 세종 13년) 11월 황희가 회의에 참석하지 않았다는 감찰 보고가 올라가자 사헌부는 회의를 관장하던 관청(통례문)의 관리에게 제대로 보고하지 않은 책임을 물어 처벌합니다. 그러자 의정부는 처벌이 지나치다고 반대합니다. "황희는 몸이 안 좋아 회의에 불참한 것뿐인데, 보고하지 않았다고 관리를 처벌한 것은 지나칩니다. 게다가 당상관(정3품 이상)의 동정을 사헌부에 보고한 사례가 없는데 너무 억울합니다." 결국 왕은 "아무 잘못이 없는 관리가 죄를 받았으니 사헌부의 업무 처리가 바르지 못하다."라고 하면서 사간원으로 하여금 사헌부 관리를 조사하라고 명령합니다.

그리고 인사 예절과 같은 사회 풍습뿐만 아니라, 과거 시험과 직장 내 괴롭힘까지도 사헌부의 업무 범위에 포함되었습니다.

고려 시대에는 관리들이 조정의 문이나 거리 등 공적인 장소에서 만났을 때 엎드려 절하는 관습이 있었습니다. 1023년(고려 현종 14년) 5월 어사대에서 관리들이 조회에서 무릎을 꿇고 사사로이 속삭이는 것과 길에서 엎드려 절하는 것 등을 금지하도록 건의하자, 왕은 이를 금지하는 명령을 내렸습니다.

1132년(고려 인종 10년) 5월 어사대부 임원준 등이 과거 시험에 낸 문제가 잘못되었으므로 다시 재시험을 치르자고 건의하였습니다. 왕이 건의를 받아들이지 않자 임원준은 업무를 거부하였고 어사대 업무가 7일 동안 마비되었습니다. 시험을 치른 수험생 50명도 재시험을 요청하는 상소를 올렸습니다. 그러나 왕은 끝내 재시험을 거부합니다. "조정을 비방하면 반드시 상응하는 형벌이 있지만 지금은 일단 용서하노라. 그대들은 다시 실력을 연마해서 다가오는 과거를 대비하도록 하라."

1181년(고려 명종 11년) 7월 시장 상인들이 쌀에 모래와 겨를 섞어서 파는 일이 발생하자 어사대에서 이를 조사하였습니다. 시장 물가를 정하고 곡식 용량을 고르게 하고, 위반하는 자는 귀양을 보내기로 하였습니다. 이후 1193년(고려 명종 23년) 3월에도 어사대에서 상인이 벼에 쌀을 섞어서 잡미라고 부르는 것을 금지하고, 쌀에 모래와 겨를 섞어 팔지 못하게 하고 쌀에 벼를 섞어서 파는 상인을 규제하였다고 합니다.

1432년(조선 세종 14년) 1월 한양에서 생원 시험을 실시하였습니다. 그런데 응시생들이 시험장에 몰려 들어가는 과정에서 한 명이 밟혀 죽는 사고가 발생하자 사헌부에서 경위를 조사하였습니다. "한성참군 권옹과 최수민은 응시생들이 문에 들어설 때

질서를 유지하지 못하여 떼를 지어 무질서하게 함부로 들어가게 하였을 뿐만 아니라, 밟혀 죽는 일까지 생기게 하였습니다. 그들을 엄하게 처벌해 주십시오." 왕이 그대로 시행하도록 지시했습니다. 그리고 2개월 후에는 사헌부에서 대리시험을 친 사례를 적발하여 보고하기도 했습니다. "시험에 합격한 강여옥은 두 편을 지어서 그 중 한 편은 이미 죽은 자기의 친척인 권약로의 이름을 써서 제출했습니다. 더 이상 시험에 응시하는 것을 허락하지 마시기 바랍니다." 그러자 왕은 사헌부 건의를 그대로 받아들였습니다.

1440년(조선 세종 22년) 6월 좌찬성 이맹균의 처가 질투로 집에서 일하는 여자 하인을 죽인 사건이 발생하였습니다. 왕은 사건을 신속하게 조사하라고 명령하였고, 사헌부는 조사 결과를 보고했습니다. "이맹균의 처가 여자 하인의 머리카락을 자른 후 때려 죽었습니다. 그런데도 이맹균은 처의 잘못을 숨기려고 고의로 죽인 게 아니라 죄가 있어 때렸다고 거짓 보고하였습니다. 둘을 이혼시키고 모두 밖으로 축출하시기 바랍니다." 왕은 이맹균을 관직에서 파면시킨 후 둘을 이혼하게 하고 부인 이 씨를 귀양 보냈습니다.

1541년(조선 중종 36년) 12월 사헌부에서 신래(신입 직원)를 괴롭히는 폐해에 대해 보고합니다. "시험에 합격하는 것은 벼슬길에 들어가는 처음이므로 마땅히 예를 갖춘 채 임용되기를 기다려야 합니다. 그런데 지금은 신래(新來)라고 부르며 마음대로 학대하고 있습니다. 온몸에 진흙을 바르고 얼굴에 오물을 칠하며, 음식을 차리도록 독촉하여 먹고 마시기를 거리낌 없이 합니다. 조금이라도 마음에 들지 않으면 그의 몸을 괴롭히는 갖가지 추한 행동을 하고, 심지어 매질하기도 합니다. 생명을 잃거나 고칠 수 없는 병에 걸리게 되는 사람이 있기도 하니 폐해가 참혹합니다. 사대부들 사이에서 먼저 이런 풍습을 앞장섰기 때문에 이제는 하위 직급과 노비들까지도 모두 그렇게 하지 않는 사람이 없습니다."

국왕에게 직언하기,
간쟁과 봉박

간쟁(諫諍)은 국왕의 잘못된 행위나 도리에 어긋난 처분에 대해 직언하는 것을 말합니다. 감찰기관은 군주의 잘못된 언행과 처사에 대해 의견을 말하였고, 많은 경우 왕은 이를 받아들였습니다. 간쟁은 원칙적으로 사간원에서 담당하도록 했지만, 사헌부에서도 행하였습니다. 특히 왕이 직무를 게을리하거나 업무를 공정히 처리하지 못하거나 대간의 의견을 듣지 않을 때는 집중적으로 공격했습니다. 봉박(封駁)은 왕이 내린 조서에서 잘못한 일이 있으면 신하가 조서를 받들지 않고, 이를 봉함하여 되돌려주는 것으로서 일종의 거부권 행사에 해당합니다.

1053년(고려 문종 7년) 8월 어사대에서 제방 수리 문제에 대해 보고하자 왕은 건의를 받아들입니다. "지난번 임금께서 냇물이 넘쳐 개성 강둑의 제방이 무너졌으니 3~4천 명의 인력을 징발하여 제방을 수리하라고 지시하였습니다. 그러나 강변 일대를 조사해 보니, 모두 논밭으로 되어 있어 대규모 공사로 농사가 훼손할까 걱정됩니다. 올해 수확이 끝난 후로 공사를 미루어 주시기 바랍니다."

1115년(고려 예종 10년) 11월 왕이 국가 제사 의식인 팔관회를 참석한 후 돌아오는 길이었습니다. 갑자기 행렬을 멈추고 한참 동안 신하들과 노래를 주고 받았습니다. 그리고 광대들에게도 행렬 안에서 춤과 노래를 벌이게 하여 밤 12시까지 계속되었습니다. 이때 어사대부 최지 등이 밤이 늦었으니 행사를 그만두기를 요청하자 왕은 기꺼이 받아들였습니다.

1450년(조선 문종 1년) 8월 사헌부 지평 조안효가 사신 접대 비용에 대한 조사를 요청합니다. "사신을 접대하는 분예빈시에서 접대비용을 핑계로 경기 각 고을에서 음식 재료를 많이 수납하고 함부로 사용했다고 합니다. 어제 예조에서 장부를 거두어 갔는데, 감찰로 하여금 물품 수량을 조사하게 해 주시기 바랍니다." 조사 결과 예빈시주부 나홍부가 사신 접대 물품을 함부로 사용한 사실이 밝혀졌습니다. 왕은 나홍부의 관직을 빼앗고 죄를 추궁하라는 지시를 내렸습니다.

1602년(조선 선조 2년) 2월 사헌부에서는 중국 사신을 접대하는 음식 종류에 대해서까지 건의합니다. 당시는 아직 임진왜란의 상처가 끝나지 않아 국가 재정이 엉망인 상태였습니다. "최근 국가 재정의 부족함이 더욱 심해졌습니다. 중국 사신의 아침 식사에 놓을 과자를 만들 때 반드시 꿀을 사용할 필요는 없습니다. 그 밖에도 음식 재료를 시장 백성들에게 장만하게 하고 대가를 지급하지 않고 있어 백성들이 고통받고 있습니다. 사신 접대를 충분히 줄여 간소하게 하며 대가를 제대로 지급하도록 하고, 담당 관리를 파면하소서." 그러나 왕은 국가 위신과 관련되어 있다고 판단해서인지 이 건의를 받아들이지 않았습니다.

관리의 임명 동의권, 서경

서경(署經)은 관리 임명 시 사헌부가 예조로부터 동의를 요청받아 내용을 검토하고 이를 승낙할 경우에 서명하는 절차를 말합니다. 관료 인사에 대한 동의권을 행사하는 고신서경과 법령을 제정하고 개폐할 때 동의를 요청하는 의첩서경이 있었습니다. 조선 시대에는 지방관이 진상하는 특산물에 대하여 뇌물인지를 살펴보는 중유서경도 실시했다고 합니다.

물론 이 중에 가장 중요한 것은 고신서경입니다. 관리 후보자에 대해 가족, 친척과 본인 행적을 조사하여 임용의 적정성 여부를 검토하였습니다. 즉 본인의 잘못이 아닌 조상이나 친척 문제

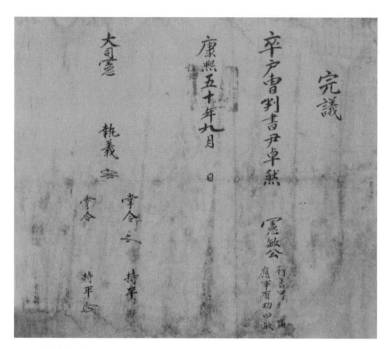
▲ 고신서경(마지막 부분에 사헌부가 서경한 문서) ⓒ국사편찬위원회

때문에도 관직 진출이 제한될 수 있었습니다. 1451년(조선 문종 1
년) 8월 사헌부 감찰로 임명된 이승윤에 대해 사헌부 지평은 왕
에게 서경을 거부한 이유를 설명합니다. "이승윤의 아버지인 이
양의 매부는 과거 감찰직에 임명되지 못했습니다. 또한 매부의
아들과 사위도 감찰에 임명되었으나 고신을 아직 주지 않고 있
는데, 하물며 이승윤은 이양의 아들 아닙니까?" 후보자의 아버
지 문제가 아닌 매부, 매부의 아들과 사위에 관한 문제로 서경을
거부하였던 것입니다.

이조와 병조에서는 세 차례까지 서경을 요청할 수 있었으며, 50일 이내 심사를 통과하지 못하면 끝내 고신을 발급하지 못하였습니다. 고려 때에는 1~9품까지 모든 관료에 대해 서경을 받도록 하였지만, 조선에서는 5품 이하 당하관에만 적용하여 감찰기관의 권한 범위를 축소했습니다. 그러나 고려의 감찰기관은 재상 아래에 있었던 반면, 조선은 독립 기관이었다는 점을 고려하면 반드시 조선에서 힘이 약해졌다고만 평가하기는 어렵습니다.

서경 제도를 설치한 근본 취지는 인사 문제를 왕이 일단 결정하였다 하더라도 재차 심사하게 하여 부당한 인사나 일 처리를 최대한 막아보려는 목적이었습니다. 1470년(조선 성종 1년) 3월 이조에서 서경 제도의 취지에 대해 보고합니다. "고신을 서경하는 법은 관리 임명이 잘못되었나를 살필 수 있고, 먼저 의논하여 조금이라도 결점이 있으면 거부할 수 있습니다. 그렇기 때문에 지배층이 그런 평가를 두려워하고, 그릇된 짓을 하는 것을 부끄러워하게 됩니다."

그러나 고신서경 제도는 사무 절차가 번잡해질 수밖에 없었기 때문에 신속한 관리 임명이 어려워 결원이 발생해도 보충이 어려웠습니다. 결국 1638년(조선 인조 16년) 7월 좌의정 최명길이 서경을 반복해서 실시하는 폐단에 대해 보고합니다. "서경하는 일은 번거롭기 이를 데가 없습니다. 전에 서경한 자를 벼슬에서 물러났다가 다시 임명할 때마다 또다시 서경하고 있습니다. 이 때문에 중앙 관서의 관원이 자리를 많이 비우고 수령도 서울에서 오랫동안 체류하는 일이 많아졌습니다. 서경은 한 번이면 충분할 것인데 어찌 두세 번씩 할 필요가 있습니까." 왕은 건의를 받아들입니다. "서경이 폐단만 있고 유익한 것이 없다면 처음 벼슬할 때 한 번만 하는 것이 옳다."

서경은 사헌부와 사간원 모두의 동의를 받아야 했기 때문에 시간이 많이 걸리는 경우가 많아 불편함이 자주 발생했습니다. 1739년(조선 영조 15년) 7월 비변사에서 서경이 늦어져 업무가 지체되고 있다고 지적합니다. "수령이 서경을 요청한 지 이미 한 달이 지났어도 아직 떠나지 못하는 사람이 많습니다. 줄곧 관청을 비우는 것은 극히 민망한 일입니다." 다음 해인 1740년(조선 영조 16년) 2월에도 서경이 늦어지는 문제점을 다시 보고합니다. "새롭게 임명된 수령 중 서경을 해야 할 사람들이 15명이나 됩니다. 게다가 사헌부와 사간원의 여러 관원들이 공석이어서 언제 인원이 찰지 조만간은 기대할 수 없습니다. 이로 인해 허다한 지방의 인부와 말이 서울에 체류하고 있고 지금 춘궁기에 각 읍의 업무를 오랫동안 폐기하고 있으니 매우 우려스럽습니다." 이렇듯 서경의 문제가 심각해지자 비변사는 두 기관 중 한 곳의 서경만으로도 임무를 떠날 수 있도록 요청하여 왕의 허락을 받습니다. "지금 들으니 사헌부에서는 이미 서경을 하였으나 사간원에서는 아직도 서경을 하지 않고 있습니다. 한 곳에서만 서경을 받았을 경우 다른 곳의 서경은 생략하고 임무지로 속히 떠나게 하는 것이 어떻겠습니까?"

결국 서경은 절차가 점차 간소화되다가 결국 조선 정조 때 폐지되었습니다. 그러나 제도가 폐지될 때까지 서경은 왕의 고유 권한인 인사권을 견제하는 기능을 수행했다는 평가를 받습니다.

1158년(고려 의종 12년) 4월 왕이 갓난아기 때부터 자신을 돌본 환관 정함을 권지합문지후(權知閤門祗候)라는 직책에 임명했습니다. 그러자 어사대에서는 환관이 직접 정치에 참여한 적은 없다며 3년 동안이나 고신에 서명을 거부했습니다. 크게 화가 난 왕이 "정함은 내가 어릴 때부터 나를 위해 고생하고 보호하며 길렀다. 만약 서명하지 않는다면 너희들을 모두 죽이겠다."라고까지 위협했습니다. 그러나 어사대 이공승은 끝내 서명을 거부했습니다. 이에 왕은 이공승을 견책하고, 집으로 물러나 있게 하였습니다.

1335년(고려 충숙왕 4년) 4월 전법좌랑 윤현은 포 150필의 뇌물을 받고 죄수를 석방한 것이 탄로 났습니다. 사헌부에서 그의 죄를 탄핵하려고 하자, 윤현은 환관과 짜고 본인 죄를 감추려고 왕의 명령서를 몰래 가져다가 사헌부 지평에 본인을 임명한 것으로 문서를 조작하였습니다. 그러자 사헌부 대관 신군평이 고신에 서명을 거부하였고, 결국 신군평은 미움을 받아 파면되었습니다. 다음 날 장령 박원계가 고신에 서명하였고, 사람들은 박원계를 비겁한 사람이라고 비난하였다고 합니다.

1437년(조선 세종 19년) 8월 사헌부에서 보고합니다. "공조좌랑 최암에 대한 고신에 대해 여러 번 검토한 후 부적격하여 서경하지 않았습니다. 그런데도 이를 반성하지 않고 심지어 봉급까지 받아갔으니 염치가 없습니다. 태형에 처해 주시기 바랍니다." 이후 최암은 공조의 관료에게 복직을 부탁하였다가 사헌부의 탄핵을 받게 되어 장 100대가 추가되었습니다.

1492년(조선 성종 23년) 어린 학생이던 문경국이 상소합니다. "아버지 문윤명이 재혼녀의 아들이라는 이유로 사헌부에서 고신을 서경하지 않았습니다. 다른 재혼녀의 아들들은 관료가 되는데 전혀 문제되지 않았는데 저의 아버지만 허물이 있다 하여 오랫동안 서경하지 않는 것은 통탄할 일입니다." 그러자 왕이 사헌부에 상소문 내용이 타당한지 검토하도록 지시하였습니다.

지방 파견

고려와 조선은 중앙 집권 국가였지만, 중앙 통치가 지방까지 미치지 않은 사례가 많았습니다. 각 지방 관리들에 대한 감찰 기능이 제대로 수행하기 어려웠고, 사헌부의 지방 규찰은 소문에 의지할 수밖에 없었습니다. 사헌부에서는 지방 관료의 위법 사실을 파악하면 지역을 관할하는 관찰사에게 사건을 넘겨 조사하게 하였지만, 관찰사는 도리어 잘못을 은폐하는 경우가 많아 진실을 밝히기 어려웠습니다. 지방에서 일어나는 백성들의 억울한 일을 바로잡고 각 지역의 실정을 파악하기 위해 감찰기관에서는 대관들을 각 지방에 파견(행대)하거나 지역 사무실을 설치(분대)했습니다.

고려 시대에는 건국 초기부터 북진정책을 강력히 추진하여 국경지대의 양계와 서경을 특히 중요하게 여겨서 어사대에서 지방 상설 감찰기관 분대(分臺)를 설치했습니다. 990년(고려 성종 9년) 사헌 1명을 서경(평양 지역)에 보내 활동함으로써 지방으로 권한을 확대하였습니다. 분대는 병마사 지휘 아래 있었으나, 임명과 직무수행 과정에서는 병마사의 통제를 받지 않고 독자적으로 활동했습니다. 이후 서경과 양계(동계와 북계로 지금의 함경도와 평안도 지방)에 상설 감찰기관을 두었으나, 다른 5도에는 기관을 설치하지 않고 어사대 관리를 수시로 파견하였습니다.

조선의 경우에는 세조 때 지역 사무실인 분대가 처음 설치되었으며, 일정 지역을 돌아다니며 규찰 임무를 맡았습니다. 사헌부 관리를 파견하기에는 인원이 부족하여 초기에는 조정 대신들에게 겸직하게 하여 분대로 파견하기도 하였습니다.

1455년(조선 세조 원년) 11월 세조는 사헌부 분대 설치를 지시합니다. "내가 분대어사를 파견하려고 수행할 임무를 기록하였다. 어사가 비록 일일이 다 적발하지는 못하더라도, 도내에 순행하게 되면 탐욕한 무리들의 이익을 조금은 막을 수 있을 것이다." 얼마 후 이조에서 제도 보완을 건의합니다. "분대어사는 임무가 가볍지 않은데, 감찰(정6품)은 품계가 너무 낮아서 보내기 어렵습니다." 이에 따라 사헌부 감찰보다 직위가 높은 대관(정4~5품)을 파견하였습니다. 그런데 이번에는 직위가 높은 분대의 파견은 관찰사 권한을 침범하는 것이므로 분대를 없애야 한다는 반대 의견도 많았다고 합니다.

조선 시대에도 사헌부 관리가 지방에 수시 파견되었는데, 일선 행정기관의 감찰을 위해 파견되는 경우가 많았습니다. 특히 지방행정을 감찰할 목적으로 파견되는 관리를 행대(行臺) 또는 행대감찰(정6품)이라고 하였습니다. 1399년(조선 정종 1년)에는 행대를 각 도에 파견하여 암행으로 수령의 업무와 민간의 동향을 몰래 둘러보도록 했는데, 이것은 암행어사 제도의 시작이라고 볼 수 있겠습니다. 그러나 행대는 짧은 기간에 지역을 살펴본 후 돌아왔기 때문에 지방에서 일어나는 관리들의 불법이나 백성들의 어려움을 제대로 알기에는 한계가 있었습니다. 조선 중종 때부터 암행어사가 본격적으로 파견하게 된 후에는 행대의 지방 파견은 줄어들게 되었습니다.

1178년(고려 명종 8년) 1월 각 도에 감찰사로 7명이 파견되어 백성들의 고통을 위로해 주고 관리들에게 상벌을 주는 한편 지난 10년간 지방에 사절로 파견되었던 관리들까지 성적 우열을 평정하였습니다. 그 결과 죄를 범한 관리는 파직시키고 우수하다고 평가된 자는 벼슬을 올려주었습니다.

1391년(고려 공양왕 3년) 5월 금과 은을 가지고 몰래 중국의 요동과 심양 지역으로 가서 파는 상인들이 많아지자 중국과의 교역을 금지하는 명령을 내렸는데도 잘 시행되지 않았습니다. 그러자 안노생을 서북면 별감으로 임명하였고 그는 우두머리 10명을 참수하고 나머지는 곤장을 쳤으며, 물품을 모두 몰수조치하는 등 규율을 강화하였습니다. 그 후 국경지대에 함부로 밀무역을 하는 사람이 사라지게 되었습니다.

1461년(조선 세조 7년) 10월 사헌부에서 왕에게 행대를 파견하여 전라도 지역에서 발생한 불법행위를 조사할 것을 건의합니다. 같은 해 12월 행대감찰로 파견되었던 김자정이 조사 결과를 보고하자, 왕은 그대로 처리하라고 지시합니다. "전라도 처치사 봉석주는 오로지 개인 이익을 위해 군인 30명에게 땅을 갈아서 목화를 파종하도록 하고, 하인들을 동원하여 밭을 매게 하여 면화를 경작해서 모두 자기 집으로 가져가서 많은 수익을 올렸습니다. 나주 갑사 박중선은 논을 사기로 약속하였는데도 돈을 주지도 않고 군인들에게 농사짓도록 하여 불법을 자행하고, 부정이 매우 심합니다. 이 둘을 엄히 처벌하시기 바랍니다."

1473년(조선 성종 4년) 9월 호조에서 조세 수납 실태에 대해 건의하였습니다. "조세를 수납할 때 지방에서 부정이 있는 것으로 파악됩니다. 관찰사가 직접 검찰하고 불시에 행대를 보내 조사하게 하소서." 왕이 그대로 시행하도록 하였고, 다음 해 1월 사헌부에서 조사 결과를 보고했습니다. "여러 도에서 조세를 거둘 때 규격을 조작하여 과다하게 징수하거나 상인과 내통하면서 남는 것을 몰래 받는 경우도 확인되었습니다. 아전들이 계략을 꾸며 백성들이 받는 피해가 많습니다." 왕은 행대감찰 3명을 전국 창고에 각각 보내어 조세 수납의 불법과 부정을 추가 조사하게 하였습니다.

물품의 출납 관리

조선 시대 중앙의 창고에서 곡식이나 물품을 출납할 때에는 호조의 공문서에 왕명을 받은 후 실시했으며, 출납 과정에는 사헌부의 감찰이 현장에서 조사하였습니다. 또한 곡식을 관리하는 창고는 매월 초 호조와 사헌부 감찰이 공동으로 실제 숫자를 조사하여 보고하였습니다.

군수품의 출납에 있어서도 사헌부 감찰에게 요청하여 검사를 받았으며, 이를 청대(請臺)라고 합니다. 1414년(조선 태종 14년) 8월 왕은 청대 업무 중 술, 고기, 쌀 등 물품의 출납 관리를 환관들에게 맡기려고 하였습니다. 그러자 사간원은 강력히 반대하였고, 결국 왕은 결정을 철회합니다. "감찰을 보내어 출납을 규찰하게 하는 것이 진실로 올바릅니다. 지금 환관에게 이를 감독하라고 명령하시니 이는 타당하지 않습니다. 어찌 환관 무리를 그런 업무에 참여시키려고 하십니까? 이는 잘못된 폐단을 따르는 것입니다."

각 관서는 정기적으로 출납에 대한 감사를 받아야 했는데 이를 월령감찰이라 하였으며, 월령감찰은 출납에 착오가 발생했을 때에는 책임져야 했습니다. 사헌부는 임금에게 진상하는 예물도 감독했는데, 예물을 봉하고 싸는 날에는 의정부, 6조 등과 함께 감독하는 사전감사를 실시했습니다. 또한 연말에 회계문서와 증빙자료를 받아서 검사하였는데, 곡물 출납과 같은 회계기록은 기록하고, 관리 교체 시 인수인계를 소홀히 한 경우에는 왕에게 보고하여 파면하기도 했습니다.

사헌부는 국고의 출납과 회계검사 권한을 가지고 있었습니다. 그러나 관리의 기강 점검과 직무감찰이 주요 임무였던 사헌부로서는 회계검사 분야는 그다지 발달하지 못했고, 후기로 갈수록 관찰사와 같은 지방 관리의 권한이 지나치게 막강해져서 이를 통제하기도 어려웠다고 합니다.

1299년(고려 충렬왕 25년) 감찰 채우는 창고에서 봉급인 곡식을 나눠주는 일을 맡고 있었습니다. 어떤 환관이 와서 왕의 명령이라며 쌀을 내어 환관에게 나누어 주라고 했습니다. 그러자 채우는 거부했습니다. "오늘 나누어 주는 것은 군인들 몫이다. 만일 그것을 떼어 환관들에게 주면 임금에게 누가 된다." 그러나 신념을 지킨 채우는 결국 귀양을 가게 되었습니다.

비슷한 일은 이후에 또 있었습니다. 1386년(고려 우왕 12년) 6월 감찰 권간이 창고에서 봉급을 나눠주는데 왕이 환관을 시켜 수행하던 환관들에게 쌀을 나눠주라고 명령했습니다. 그러나 권간은 거부했습니다. "이 창고는 선왕들께서 관리의 월급을 위해 마련하신 것이니, 아무리 왕이라도 곡식을 개인적으로 하사하는 것으로 사용해서는 안 됩니다." 결국 권간은 3일 동안 옥살이를 했습니다.

1421년(조선 세종 3년) 1월 호조에서는 월령감찰이 수시로 교체되어 업무 파악이 제대로 되지 못한다는 점을 지적하기도 하였습니다. "월령감찰은 본디 여섯 달마다 교체하는 것이었으나 사헌부에서는 임의로 교체하기 때문에 감찰이 업무를 점검하는데 마음을 쓰지 않고 있습니다. 지금부터는 월령감찰을 즉각 바꾸지 말며, 모든 일을 감찰할 수 있도록 해야 하겠습니다."

1466년(조선 세조 12년) 9월 호조는 공물 수납일을 지키게 하도록 건의하였습니다. "호조에서 여러 고을의 공물을 바치기를 독촉했는데도 정해진 날에 수납하는 일이 없습니다. 지방관사 관리가 일을 지체하고 있어 폐해가 크니 앞으로는 제 날짜에 수납하도록 하고, 이를 지체한 경우에는 관리와 월령감찰 모두를 처벌하시기 바랍니다." 왕은 건의를 받아들였습니다.

마땅히 죽기를 작정하고 말씀드립니다, 김종서

북방개척의 영웅으로 유명한 김종서(1383~1453)는 사헌부에 근무하면서 임금을 직접 공격하는 등 원칙에 대해서는 어떤 경우라도 두려워하지 않고 절대 물러서지 않았습니다.

이미 젊은 시절부터 김종서의 명성은 대단했습니다. 사헌부 감찰(정6품)로 근무할 때의 일입니다. 1419년(조선 세종 2년) 1월 지난 해에 전국 각지에 흉년이 들었고 특히 강원도 평창 주변에 큰 기근이 발생하자, 감찰 김종서를 강원도 행대로 임명하여 일대를 몰래 둘러보도록 하였습니다.

현장을 직접 둘러본 김종서는 이듬해 1월 조사 결과를 보고합니다. "원주·영월·홍천·인제 등에 굶주리는 백성 729명의 조세를 면제해 주소서." 대제학 변계량이 조세를 감면하는 건 안 된다고 반대하였으나, 왕은 김종서의 보고대로 조세를 면제하도록 지시하였습니다. "임금으로 백성이 굶어 죽는다는 말을 듣고도 조세를 징수하는 것은 진실로 못할 일이다. 하물며 곡식이 이미 다 떨어졌다고 한다. 창고를 열어 곡식을 나누어 준다 해도 오히려 미치지 못할까 염려되는데 도리어 굶주린 백성에게 조세를 부담시켜서야 되겠는가. 더욱이 감찰을 보내어 백성들을 살펴보게 하고서 조세조차 면제해 주지 않는다면 백성을 위하여 혜택을 줄 일이 또 무엇이 있겠는가."

얼마 후 김종서는 또 보고했습니다. "경차관 김습이 흉작을 풍작으로 꾸며 과중하게 소작료를 결정했습니다." 왕이 사헌부에 엄중히 조사하라고 지시하였고, 사헌부는 며칠 후 조사 결과를 보고하였습니다. "김습이 아전을 시켜 기록을 허위로 만들었으므로 직책을 빼앗고 하옥시켜 엄중히 처벌하소서." 이에 왕이 그대로 받아들였습니다.

그러나 사헌부 집의(종3품) 시절에는 국왕과 대립하고 매섭게 공격하는 일이 발생합니다.

세종의 아버지 태종은 유언을 남겼습니다. "내가 죽은 뒤에도 큰아들 양녕은 한양에 들어오지 못한다." 막내아들인 세종의 왕권에 대한 도전을 우려했기 때문입니다. 그런데 1428년(조선 세종 10년) 1월 도성 출입을 금지당한 양녕대군(세종의 큰 형)이 도성에 들어와서 다른 사람들과 연락해 개인적인 만남을 갖는 일이 벌어졌습니다. 그러자 김종서는 세종에게 양녕대군을 탄핵해야 한다고 보고했습니다. "양녕은 군신의 예를 지키지 않고 있습니다. 조사하여 마땅히 처벌해야 합니다." 그러나 왕은 형을 지켰습니다. "형제의 사이는 이같이 작은 일로써 처벌할 수는 없다. 형을 조사할 수 없으니 그만 물러가라."

그렇지만 왕권을 위협할 수 있는 중대한 범죄라고 판단한 김종서는 이 문제를 10차례 넘게 계속 지적했습니다. "임금의 허락을 얻지 못해서 분함을 견디지 못하겠습니다. 임금의 형제는 형제가 아니라 신하입니다. 마땅히 벌을 내려야 합니다." 참다 못한 세종은 결국 화를 냅니다. "옛말에 세 번 직언을 해도 듣지 않으면 사표를 낸다고 했거늘, 당신들도 그만두면 되지 어찌 이리 말이 많은가." 그러자 사헌부와 사간원 관리 전원이 사표를 진짜 제출해 버렸습니다. 세종이 사표를 반려하자 김종서가 다시 말했습니다. "마땅히 죽기를 작정하고 말씀드리니 다시 처벌을 요청합니다."

마침내 왕은 김종서 등 사헌부 관리들을 좌천시키고 의금부에 가두고 처벌하라는 명령을 내렸습니다. 업무상 기밀 누설이라는 다른 이유를 들었지만, 실제는 양녕대군 문제로 인한 것임은 분명하였습니다. 의금부 조사 결과에 따라서 김종서 등에게 벌금을 선고하고 유배를 보냈습니다.

그러나 다음 해에 세종은 김종서를 다시 불러 비서관격인 승정원 관리로 승진 임명하였습니다. 세종은 자신에 대한 김종서의 공격이 강직함과 충성심에서 비롯된 것이라는 점을 잘 알고 있었던 것입니다.

이후 1433년(조선 세종 15년) 세종은 김종서를 함길도 관찰사로 임명해서 북방 개척의 임무를 맡겼습니다. 그 당시 김종서는 오십이 넘은 나이였지만, 변방으로 떠나 묵묵히 본인 임무를 수행했습니다.

삭풍은 나무 끝에 불고 명월은 눈 속에 찬데
만리변성에 일장검 짚고 서서
긴 휘파람 큰 한 소리에 거칠 것이 없어라.

세종은 책임감 강한 김종서를 무한 신뢰했습니다. 1437년(조선 세종 19년) 8월 김종서는 그간의 성과를 보고합니다. "이번에 네 고을을 설치한 것은 선대의 강토를 회복하는 것일진대, 이보다 중한 일은 없습니다. 임금께서는 빨리 이루는 것을 구하지 마시고 작은 이익을 귀하게 여기지 마시기 바랍니다. 세월을 쌓아 오래도록 기다리시면 민심이 자연히 안정될 것이며, 병력이 자연히 강해져서 새로운 지역이 영원히 견고해질 것입니다."

보고를 받은 왕은 기뻐하면서, 선물로 옷 한 벌을 내려 주었습니다. "내가 북방의 일에 대하여 밤낮으로 염려하였는데, 이제 이 글을 보니 가히 걱정이 없겠다."

이후 김종서는 변방에서 12년간 머물면서 북방을 개척하는 큰 공을 세우게 됩니다.

뇌물 사건은 옥에 티,
조말생

조선 세종 때 관리인 조말생(1370~1447)은 조선 최대의 뇌물 사건의 주인공으로 불립니다.

1426년(조선 세종 8년) 3월 함길도에 사는 김도련이 중앙 고위 관료들에게 뇌물을 준 것이 밝혀졌습니다. 왕은 크게 화를 냈습니다. "이러한 일이 있을 줄은 생각지도 못하였다. 뇌물이 공공연히 행해지고 있으니 작은 문제가 아니다." 사헌부는 함길도 행대 감찰에게 조사하도록 한 결과, 김도련은 무려 132명의 노비를 뇌물로 바친 것이 사실로 드러났습니다. 특히 병조판서이던 조말생은 노비를 36명이나 받아 죄가 가장 컸습니다.

또한 사헌부 조사 결과에 따르면, 조말생은 사헌부의 조사를 방해하기 위해 증인을 협박한 사실까지 밝혀졌습니다. 조말생의 아들 조선이 대사헌의 집을 드나들던 승려의 하인과 노비를 붙잡아 때리고 위협하여 조말생에게 유리한 진술을 받아내기까지 했던 것입니다. 화가 난 사헌부는 계속해서 조말생의 다른 혐의까지 추가 조사했습니다. 그러자 조말생이 뇌물로 토지, 은, 비단을 받고 대가로 벼슬을 준 매관매직이 계속 밝혀집니다. 뇌물로 받은 것들을 모두 합쳐보니 총 780관이나 되는 엄청난 규모였습니다.

이후 대사헌은 '조말생의 죄는 죽어도 남을 것인데 뻔뻔스럽게 조정에 들락거린다.'라고 비난하면서 세종에게 처벌을 요청합니다. "병조판서 조말생이 김도련에게 뇌물로 받은 노비는 금액으로 따지면 엄청난 것입니다. 형률에 뇌물을 받은 것이 80관이면 교수형에 처하게 되어 있는데 조말생은 수십 배나 되는 780관을 받았습니다. 만약 이를 용서하고 다스리지 않는다면 누가 법을 따르겠습니까?" 그러나 세종은 조말생이 그동안 공적이 크다는 이유로 처벌하지 않았습니다.

급기야 대사헌 등 사헌부 관리들은 조말생의 공적이 크지 않다며 강하게 처벌하라고 여러 차례에 걸쳐 건의합니다. 세종은 조말생을 죽일 수 없다고 거부했지만, 관리들은 쉽게 물러나지 않았습니다. 결국 세종은 국왕의 권위까지 거론하게 됩니다. "그대들이 법에 근거해서 말한다면 그렇겠지만, 나는 이미 그 죄를 결정했으니 다시 요청한들 무슨 소용이 있겠는가. 내 뜻은 이미 정해졌으니 다시 청하지 말라."

조말생은 겨우 죽음을 면하고 황해도로 잠시 유배되었다가 불과 2년 뒤 사면되었습니다. 이번에도 사헌부와 사간원이 가만있지 않습니다. "조말생은 위로는 임금을 더럽히고 아래로는 선비의 기풍을 무너뜨렸으니 마땅히 교수형에 처해야 합니다. 그런데 가볍게 벌한 다음에 용서하라고 명하시니, 장차 착한 이는 상을 주고 악한 자는 벌주는 법을 어떻게 할 것이며, 선비의 기풍을 장려하는 도리는 어떻게 할 것입니까?" 그래도 세종은 끝까지 거부했습니다.

오히려 1433년(조선 세종 15년) 1월 세종은 조말생을 함길도 관찰사에 임명했습니다. 세종의 기대에 걸맞게 조말생은 여진족 침입을 격퇴하여 북방을 안정시키는 데 큰 공을 세웠습니다. 한동안 그에 대한 논의가 조용해지자, 1436년(조선 세종 18년) 6월 세종은 의금부 제조(종1품)에 임명했습니다.

그러자 또다시 사헌부와 사간원은 격렬하게 반발했습니다. "그의 머리를 그대로 가지고 여생을 보전하는 것만도 다행입니다. 조말생이 무슨 공덕이 있어 큰 죄를 용서받고 재상 반열에 오른다는 말입니까? 어찌 뇌물을 받은 자가 뻔뻔스럽게 앉아 죄인을 조사하여 진상을 규명할 수 있습니까? 의금부 제조라면 다른 관직에 비할 바가 아닌데, 이를 다스리게 한다면 이제 도둑이 도둑을 다스리게 하는 것이니 어찌 징계가 될 수 있겠습니까?" 반발이 계속되자 오히려 세종은 이렇게까지 말합니다. "어린 관료들이 대신을 욕하고 심지어 도둑으로까지 칭하는 것은 어찌 실례가 되지 않겠느냐." 끝까지 조말생을 지킨 것입니다. 사간원 관료들이 집단 사표를 내면서까지 항의했지만, 세종은 끝까지 임명을 철회하지 않았습니다.

또한 1438년(조선 세종 22년) 10월 세종은 조말생의 아들 조찬을 사헌부 감찰(정6품)로 임명했습니다. 원래 뇌물죄를 저지른 관리의 자식은 관리로 임용되지 못하게 되어 있었지만, 이것을 무시해 버린 것입니다. 사헌부는 고신서경을 거부하면서까지 끝까지 반대했지만, 왕은 "조말생의 일은 애매한 것이다."라면서 결국 임명을 강행했습니다.

이후 조말생은 여러 차례 왕에게 상소를 올려 본인의 비리 혐의가 억울하다고 호소했습니다. 그러나 세종은 이것까지는 들어주지 않았습니다. 그렇지만 조말생은 대제학, 영중추원사 등 고위 관직을 계속 거치다가 1447년 78세에 세상을 떠났습니다.

조선왕조실록에서는 조말생이 죽은 후 그에 대해 이렇게 기록하고 있습니다. "기개와 풍모가 크고 일 처리에 너그럽고 후덕하여 임금께서 소중한 그릇으로 여겼으나, '옥에 티'가 오점이 되어 끝끝내 정승이 되지 못했다." 여기서 옥에 티는 뇌물 사건을 말하는 것입니다. 조말생을 권력형 부패 관료로 낙인을 찍은 것입니다.

끝까지 간다,
사헌부 vs 연산군

사헌부는 폭군이었던 연산군 때 가장 큰 탄압을 받았습니다. 국가 기강을 위해서라면 왕에게도 거침없는 직언을 날리는 기관이었기 때문에 이런 모습이 거슬릴 수밖에 없는 폭군이 당연히 그냥 내버려 둘 리 없었을 것입니다.

사건은 1496년(조선 연산군 2년) 1월부터 시작합니다. 사헌부와 사간원은 환관 김효강을 합동 공격합니다. 김효강은 연산군을 바로 옆에서 보좌하는 위치에 있는 실세 측근이었습니다. 사헌부 지평 이자견과 사간원 정언 유세침이 김효강을 조사하고 있다고 보고합니다. "유점사와 낙산사에 소금을 공급하는 일을 김효강이 승정원을 거치지 않고 함부로 임금께 보고한 것은 매우 불가한 일이어서 조사 중에 있습니다." 환관 김효강이 불교에 대한 지원을 함부로 한 것을 유교를 믿는 선비들이 문제를 삼은 것입니다. 보고를 들은 연산군은 자기한테 알리지도 않고 본인의 측근을 조사한 것을 불쾌하게 생각하였습니다. "비록 사헌부라고 해도 어찌하여 말도 없이 함부로 내 측근을 조사하는가." 그러자 이자견은 다시 한번 '사찰에 대한 소금 지원은 안된다'면서 조사를 정당화했습니다.

이번에는 사헌부와 사간원이 임금의 명령으로 공식 조사를 시작하자고 건의했습니다. 연산군이 계속 거절했지만, 두 기관은 포기하지 않았습니다. 연산군이 강한 불만을 제기할 정도였습니다. "지금 봐서는 환관이 권세를 부리는 게 아니라 너희가 권세를 부리는 것이다." 연산군이 조사를 계속 거부하자 집단 사표도 불사했습니다. "진실로 임금이 바른말을 듣기 싫어하여 내 뜻을 어기는 사람이 없게 하고자 하면, 아첨하는 자들만 날로 늘어하고 좋은 말은 들려오지 않을 것이니, 어떻게 나라가 다스려질 수 있겠습니까." 집단사직을 들어주지 않으면 김효상을 조사할 것을 요청하고, 이런 식의 공방은 2개월간 40여 차례 넘게 계속되었습니다. 결국 3월 연산군은 김효강을 조사하라고 지시할 수밖에 없었습니다. "김효강은 죄가 없으나, 대신들의 의견이 그러하니 그를 조사하라."

조사가 끝난 뒤에도 또 둘 사이의 싸움이 계속됩니다. 이번에는 김효강을 처벌할 것인가의 문제입니다. 결국 거듭된 요청에 따라 김효강은 자리를 잃을 수밖에 없었습니다. 사헌부는 연산군과의 싸움에서 이긴 것처럼 보였습니다.

그러나 연산군은 결코 만만한 상대가 아니었습니다. 왕위에 오른 지 10년이 되자 광기가 극에 달했습니다. 친어머니인 폐비 윤씨 사건과 관련한 모든 사람들을 극형으로 처벌했습니다. 이제 폭군의 칼날은 사헌부로 향합니다.

1504년(조선 연산군 10년) 3월 연산군의 애첩인 장녹수가 집을 넓히려고 이웃집들을 빼앗았다가 사헌부에게 적발되자, 연산군이 명령했습니다. "사헌부가 민원을 빙자해서 개인 간의 계약에

끼어들었다. 이는 나를 능멸하기를 선동하는 것이다." 사헌부 수장인 대사헌을 포함하여 사헌부 집의, 장령과 지평, 그리고 사간원 관리들까지 대거 체포되었습니다.

그리고는 얼마 후 연산군은 본인의 어머니 폐비 윤 씨 사건과 관련하여 유배를 보낸 이세좌를 찾아간 자들을 색출해 명단을 적으라고 사헌부에 명령합니다. "이미 모두 잡아들여 사헌부에 사람이 없습니다." 그러자 의금부에서 이 사건을 맡으라고 하면서 심지어 "바른대로 말하지 아니하면 고문하라. 매질 잘하는 자를 많이 골라서 수사를 맡기라."라고 혹독한 지시까지 합니다.

1505년(조선 연산군 11년) 1월 연산군은 대제학에게 지시하여 사헌부 등에 대한 혁파문을 목판 제작하도록 지시합니다. "아랫사람이 말할 바가 아니거늘 감히 논한다. 이 버릇을 고치지 않으면 임금을 손 위에 놓고 권력이 이들에게 돌아가리라." 그리고 얼마 후 폭군은 사헌부 지평(정5품) 자리를 모조리 없애고 하급 관직인 낭청(종6품)으로 강등시켰습니다. 이렇게 힘이 빠진 사헌부는 이제 대궐을 등지거나 쭈그려 앉는 자를 잡으러 다니거나 무례한 상소문을 올린 사람을 처벌하는 것과 같이 폭정 체제를 유지하는 일에 앞장서게 되었습니다.

결국 그로부터 2년 후에 연산군이 왕의 자리에서 쫓겨난 뒤에야 사헌부의 지위는 부활할 수 있었습니다. 이때 연산군에 의해 구속당하고 고문까지 받았던 사헌부 장령 류숭조는 다음 국왕(중종)에게 건의합니다. "사헌부는 국가를 위해 일하고(公議),

대신들은 권력을 위해 일합니다(權宜). 사헌부의 말은 모두 국가를 위한 것이니 부디 이를 따르소서."

제5장

진짜 암행어사

우리나라만의 고유한 제도

암행어사는 우리나라 조선에만 있던 고유한 제도입니다. 백성의 어려움을 알아보고 지방 수령과 관리들을 몰래 감찰할 목적으로 파견되었던 왕의 특별한 사신입니다. 조정의 관리들은 어사 파견을 요청할 수 있지만, 암행어사를 보낼 것인지는 전적으로 왕의 뜻에 따라 정해졌습니다.

중국에서는 한나라 이후 관리들의 비위를 규찰하는 직책을 어사(御史)라고 하였으며, 당나라 시절에는 국가 최고 감사기구인 어사대를 설치했습니다. 우리나라에서도 고려의 감사기관으로 어사대(御史臺)가 설치되고, 소속 관원으로 시어사(侍御史), 감찰어사(監察御史)라는 직책을 두었습니다. 그러나 이들의 직무 수행은 모두 공개적인 방식이었습니다.

조선에서는 각 지방에 수령(부윤, 군수, 현감)을 임명하여 자율적으로 통치하게 하였습니다. 8도에는 종2품인 관찰사(방백, 감사)

를 파견하여 관할하도록 했습니다. 관찰사는 360일 임기의 단임으로 제한되었고, 수령의 임기는 1,600일로 정해졌습니다. 각 도의 관찰사(종2품) 아래에 도사(都事, 종5품) 1명을 두었으며, 그들은 수령의 인품과 군정, 백성의 어려움 등에 관하여 감찰하는 역할을 수행했습니다.

그러나 지방의 토착 세력들의 농간이 심했고, 관찰사나 도사가 도내를 순시하여 감찰하는 것도 민폐를 많이 끼친다는 우려가 제기되어 돌아다니지 못하게 한 시기가 많아서 지방 감찰이 실효를 거두지 못하곤 했습니다. 심지어는 관찰사가 지방 수령들과 한 통속이 되는 경우도 발생했습니다.

이런 이유로 지방 수령들의 불법을 적발하기 위해서는 관찰사보다 수시로 파견되는 행대감찰(行臺監察)이 더 적합하다는 평가를 받았습니다. 1474년(조선 성종 5년) 6월 사헌부 대사헌 이서장이 보고합니다. "감사(관찰사)는 한 지방을 마음대로 다스리게 하여 비리를 적발하는 권한을 위임받았으나, 감찰 범위에 제한이 있고 이목이 넓지 못합니다. 그래서 비록 불법한 일이 있더라도 수령의 잘못을 알 길이 없습니다. 그리고 감사(관찰사)는 고위직이어서 청탁하는 자들이 있어 적발하지 못하지만, 행대감찰은 수시로 출입하면서 준비하지 않았을 때 습격하므로 비록 숨기는 일이 있더라도 밝힐 수 있습니다. 따라서 수령은 감사보다 행대감찰을 더 두려워합니다."

물론 사헌부에서 파견하는 행대감찰은 관찰사와의 업무 중복으로 인한 갈등 문제도 발생한 적이 있습니다. 1456년(조선 세조 2년) 3월 집현전 직제학 양성지가 이 문제를 제기합니다. "관찰사는 곧 이른바, '지방의 사헌부'로서 수령을 감독하는 자입니다. 어찌 반드시 다시 감찰을 파견하여 관찰사의 권한을 가볍게 하겠습니까? 이는 도리어 수령으로 하여금 내용은 덮어두고 감찰의 지적만을 회피하게 될 것입니다. 보내지 않는 것만 같지 못합니다." 그러나 이는 받아들여지지 않았습니다.

1423년(조선 세종 5년)에는 찰방(察訪, 종6품)에게 지방의 규찰과 백성의 어려움을 파악하도록 지시하면서 암행 활동을 병행하도록 했습니다. 그러나 이 제도는 지방 통치권을 수령에게 맡긴다는 취지로 10년 만에 폐지했습니다. 이후 1489년(조선 성종 20년) 11월에도 경기·경상·전라·충청·함경·강원 6개 도에 어사를 파견하여 환곡 수납의 부정, 공물 배정, 지방관리 농간 등 지방의 병폐를 조사하여 보고하도록 한 적도 있습니다. 어사 파견은 사헌부 감찰을 파견하는 행대감찰과 함께 지방을 조사하는 중요한 제도였습니다. 이후 행대감찰 제도가 폐지되면서 어사가 이 업무를 전적으로 담당하게 되었습니다.

이런 상황에서 왕의 특명을 받아 지방을 몰래 돌아다니면서 백성의 고충을 직접 듣고 지방행정을 감시하는 기관이 바로 암행어사입니다. 그렇다면 유독 조선에서만 왕의 비밀 임무를 띤 암행어사를 파견한 이유가 뭘까요? '왕도정치'라는 말에서 파견 목적을 파악할 수 있습니다. 조선의 임금들은 백성들의 민심에 근본을 둔 왕도정치를 실현하려고 했습니다. 이를 위해서는 백성의 고통과 억울함을 정확하게 파악하는 것이 필수적이었습니다. 왕이 보낸 대리인으로 직접 현장에서 백성들과 만날 수 있는 암행어사를 파견한 것이라고 볼 수 있습니다.

1554년(조선 명종 9년) 7월 왕은 어사 제도의 효용성과 필요성에 대해 직접 언급합니다. "임금이 구중궁궐 깊은 곳에 있으면서 민간의 병폐와 고통을 알고 싶을 적에 어사가 없다면 어떻게 모두 자세히 알 수 있겠는가. 어사가 실정을 묻고 형편을 헤아림으로써 서민들의 사정이 모두 구중궁궐에 전달되는 것이니, 그 소임이 막중하다." 이후 1775년(조선 영조 51년) 10월에도 왕은 어사를 파견하면서 백성들의 어려움을 제대로 알려달라고 말합니다. "구중궁궐이 깊고 멀다고 하지 말아라. 구중궁궐과 오두막집은 아주 가까운 거리에 있음과 같다. 만일 백성들의 어려움을 보면 작고 미약함을 따질 것 없이 나의 뜻을 알리도록 하라."

암행어사는 1550년(조선 명종 5년) 공식적으로 처음 파견했습니다. "사복시정 박공량 등 여덟 사람을 8도에 나누어 보내어 수령들의 불법을 살피도록 명하였다. 곧 암행어사이다." 물론 암행어사를 공식 파견하기 전에도 어사들은 몰래 다니면서 비밀리에 업무를 수행했습니다. 1490년(조선 성종 21년) 1월에도 어사의 암행 활동으로 보이는 기록이 있습니다. "조지서가 어사가 되더니 항상 번개와 같이 관아에 출입하였으며, 순찰할 때에는 복장을 변장해 사람들이 그의 행동을 알 수 없다고 하였다."

암행어사를 파견할 것인가

지방에 몰래 관리를 보내 감찰하게 하는 것은 통치 방법으로 는 효율적일 수 있습니다. 그러나 반대로 감찰 대상이 된 지방 수령 입장에서는 항상 의심과 감시를 받게 되어서 분명 불편한 일일 수밖에 없습니다. 이런 고민은 암행어사 파견 이전에도 있었습니다.

1433년(조선 세종 15년) 7월 사헌부는 지방에 수시로 사람을 보내 백성의 어려움과 수령의 불법을 조사하자고 건의하지만, 왕은 이를 반대합니다. "찰방을 정해 보낸단 말은 내가 취하지 아니하노라. 도의 권한은 오로지 관찰사에게 맡겼고, 한 고을의 임무는 수령에게 위임하였다. 도리어 의심을 해서 사람을 내보내서 조사하고 살펴보게 한다는 것은 어찌 합당한 일이겠는가." 승정원의 안숭선은 이것은 신뢰의 문제라면서 왕의 의견에 전적으로 동의합니다. "임금의 직분은 오직 사람을 알아보고 임용하는 일일 뿐입니다. 마땅히 임용하기 전에 선택할 것이요, 임용한 뒤에는 의심하지 말아야 임금과 신하 사이에 두터운 신뢰가 생겨서 문제가 없게 될 것입니다."

그러나 이러한 입장을 가졌던 세종도 얼마 후에는 지방에 파견하였습니다.

어사가 파견된 이후에도 이 제도의 필요성에 대한 논란은 계속 있었습니다. 1509년(조선 중종 4년) 11월 왕과의 토론 자리에서 신하가 어사 파견에 반대하는 의견을 제시합니다. "근래 암행어사를 보내어 수령의 잘못을 적발하는 것은 잘못된 것 같습니다. 위에서 아랫사람을 바른 방법으로 대하지 않으면, 아랫사람도 바른 방법으로 하지 않을 것입니다. 봄가을에 어사를 보내 백성의 고통과 어려움을 물어보기만 하고, 암행어사는 보내지 않는 것이 옳습니다. 수령의 잘못은 감사로 하여금 감찰하게 하는 법이 제정되어 있으니, 엄하게 살피게 함이 마땅합니다." 그러자 왕은 불가피하지만 어사를 파견할 수밖에 없다고 완곡하게 얘기하면서도 제도를 계속 유지하겠다는 의지를 표명합니다. "자세히 살피는 것이 아름다운 일은 아니다. 그러나 백성들의 기쁨과 슬픔이 수령에게 달려 있고, 또 예전부터 지금까지 계속 시행했던 것이기에 보내는 것이다."

암행어사는 왕의 대리인과 같은 존재였습니다. 암행어사를 파견할 것인지 누구를 보낼 것인지를 결정하는 것은 오로지 국왕의 권한이었습니다. 1570년(조선 선조 3년) 봄, 온 나라에 큰 가뭄이 들자 왕이 재상들에게 암행어사로 보낼 적합한 사람을 논의해 보라고 말합니다. "어사를 보내어 잘못을 묻고 가뭄을 구제하려 하는데, 누가 좋겠는가." 그러자 재상들이 의논하여 보고합니다. "어사를 명하는 것은 마땅히 임금께서 선택할 일이요, 저희들이 참여할 일이 아닙니다. 저희가 어사를 천거하는 일은 전례가 없으니 후일에 폐단이 있을까 두렵습니다." 그러자 왕은 더 이상 묻지 않았다고 합니다. 이후 1647년(조선 인조 25년) 10월에도 비슷한 일이 있었습니다. 왕이 신하들로 하여금 직접 암행어사를 뽑아서 보내도록 지시하자, 대신들은 완곡히 거부합니다. "암행어사는 반드시 임금께서 가려 뽑아 불시에 보내는 것이 전례입니다. 신하들이 뽑아 보낸다는 것은 일찍이 없었던 것인데 어찌할 수 있겠습니까? 암행어사를 파견하는 일은 옛날부터 특별히 임금께서 가려 보내는 일이며, 신하들이 뽑아 보내는 일이 아니었습니다."

암행어사의 권한 논쟁

암행어사 파견이 본격화된 이후에도 논쟁은 계속 있었습니다. 이번에는 암행어사의 권한이 문제였습니다. 지방 관리들을 직접 처단하고 자리에서 파직시킬 수 있는 권한(직단권, 直斷權)을 암행어사에게 부여할 것인지 논란이 되었습니다. 당시까지 암행어사가 수령의 비리를 적발하여 보고하면 죄를 논하는 것은 사헌부에서 맡았기 때문에 지방 수령들에 대한 처벌은 사헌부의 고유 권한이었습니다.

그런데 1524년(조선 중종 19년) 8월 전라도 어사 허위와 경상도 어사 임권을 파견하는 과정에서 두 어사는 임금에게 어사에게 강력한 권한을 부여해 달라고 건의합니다. "전라도와 경상도는 다른 도와 같지 아니하여 땅이 넓고 인심이 거칩니다. 지금 저희들이 가져가는 사목(임무 목록)에는 수령의 죄를 직접 처단하고 유향소(지방 수령의 자문 기구)를 조사할 수 있는 권한이 없습니다. 그렇게 되면 죄를 범한 사람이 있더라도 수령과 유향소의 원망을 두려워하여 마음껏 고발하지 못할 것입니다. 사목에 이 권한을 포함시켜 주십시오." 그러자 왕은 그렇게 하라고 동의했습니다. 이 둘은 일찍부터 엄하고 바르기로 유명해서 지방의 탐관오리들이 굉장히 두려워하는 인물들이었다고 합니다.

수령에 대한 직단권이 암행어사에게 부여되자 의정부에서는 이를 반대하고 나섭니다. "어사들이 수령들의 죄를 조사하지 않고 먼저 파직하는 것은 부당한 일입니다." 그래도 왕은 소신을 굽히지 않습니다. 본인이 직접 임명한 대리인들에게 강력한 힘을 부여한 것으로 보입니다. 직단권은 막강한 권한이었습니다. 암행어사는 불법 문서를 적발한 뒤에는 봉고, 서계의 과정을 거쳐 수령을 바로 파직시킬 수 있었습니다.

1536년(조선 중종 31년) 5월 암행어사의 직단권은 다시 한번 문제가 됩니다. 암행어사가 양주 수령을 뚜렷한 이유 없이 파직시킨 사건이 발생한 것입니다. 그러자 의정부가 또다시 이 문제를 제기합니다. "지난번에 암행어사가 잡아 온 수령을 먼저 파직하고 나서 조사하는 것이 합당하지 않다는 뜻을 이미 말씀드렸습니다. 현재 양주 수령은 그 죄가 마땅히 파직해야 할 죄인지 알 수 없습니다. 또한 지금은 농사철인데 수령을 교체한다면 폐단이 클 것입니다. 먼저 조사한 후에 파직하는 것이 어떻겠습니까?"

이렇게 되자 왕은 적절한 반박을 제기하기 어려웠습니다. 결국 왕은 양주 수령의 죄를 먼저 조사한 후에 죄의 경중에 따라 파직하라고 명령할 수밖에 없었습니다.

그러나 얼마 후 암행어사에게 파직 권한이 다시 부여되는 일이 발생합니다. 1539년(조선 중종 34년) 10월 암행어사 이몽량이 경상도 사천에 도착했을 때 사천 수령 송인이 성문을 닫아걸고 어사를 받아들이지 않은 사건이 일어난 것입니다. 그러자 사헌부에서는 이러한 예외적인 경우에는 먼저 파직하는 게 좋겠다고 절충적인 의견을 제시합니다. "본래는 먼저 조사하여 사정을 파악한 뒤에 파직시키는 것이 옳습니다. 그러나 이번 일은 매우 해괴하고 놀라운 일입니다. 만일 부패하고 불법으로 인해 어사에게 체포된 수령이라면 다시 변명할 길이 없으므로 이미 스스로도 끝내 파직될 것을 알 것이고 하인들도 당연히 파직될 것을 알 것입니다. 그런데 장소를 옮겨가며 조사하자면 오가는 사이에 날짜가 반드시 많이 걸릴 것입니다. 그러면 업무도 집행하지 못하면서 관청에 계속 있게 되어 폐단만 생기게 됩니다. 부패하고 불법을 저지른 자는 파직부터 시키는 게 옳다고 봅니다." 사헌부의 입장은 일반적으로는 조사 후 파직해야 하지만, 불법을 저지른 경우라면 파직부터 한 후에 조사할 수 있다는 것입니다. 범위가 좀 모호하기는 하지만, 긴 논쟁 끝에 암행어사에게 파직 권한이 다시 생긴 것으로 볼 수 있습니다.

어두운 길을 걷는 메신저

어사는 다양하게 존재했습니다. 파견 목적에 따라 순무어사(변란이나 재해 발생), 안집어사(화전민이나 실향민을 고향으로 돌아가게 하기 위함), 균전어사(농지 측량), 시재어사(과거 시험 감독), 독운어사(세금이나 군량미 수송 감독) 등이 있었습니다. 이들은 명칭에 따른 특정한 행정업무나 감시 감독 업무를 수행했습니다. 처음에는 효과적인 업무 수행을 위해 암행 조사를 허용하다가 아예 암행 조사를 원칙으로 하는 암행어사를 파견하기로 하였습니다. 암행어사가 일반 어사와 다른 점은 일반 어사는 이조에서 임명하고 공개적으로 활동하는 것에 비해서, 암행어사는 왕이 직접 임명할 뿐아니라 임명과 행동이 모두 비밀이었다는 것이었습니다.

암행어사의 역할은 지정된 지방을 순회하면서 백성들의 억울함과 고통을 알아내어 해결해 주며 지방 관리의 불법을 적발하고, 수령의 부정을 규찰하여 기강을 세우고 민심을 안정시키고, 돌아와서는 국왕에서 민심을 정확히 보고하는 것입니다.

암행어사를 파견한 의도와 목적은 왕이 직접 주는 임명 문서인 봉서(封書)에 잘 나타나 있습니다. 조선 정조가 갑자기 사망하자 11세에 불과한 순조가 왕위에 오르게 됩니다. 이때 정순왕후가 어린 순조를 대신해 사실상 국정을 통치하게 되는데, 1802년(조선 순조 2년) 3월 정순왕후가 충청도 암행어사로 신귀조를 파견하면서 준 친필의 한글 편지를 보면 어떤 고민으로 암행어사를 보냈는지 알 수 있습니다.

> 근래 대소가 직무를 게을리하고
> 기강이 해이하여 안으로 법이 허물어지니
> 감사와 수령 중에 뜻을 방자히 하여
> 생민을 해치는 자가 없는 줄을 어찌 알겠는가.
> 너로서 충청도 어사를 삼나니
> 네 모름지기 사목과 같이 종적을 감추어
> 읍폐를 끼치지 말고 직무를 거행하도록 하라.
> 혹 제대로 감찰하지 못하거나 죄를 감추는 경우
> 그 죄를 면하지 못할 것이니
> 이로써 뜻을 신실히 하고 또한 아래 나열한 것에 관해
> 상세히 염탐하도록 하라.

암행어사는 백성의 억울함을 풀어주고 타락한 관리들을 처벌했기 때문에 백성들은 그들을 해결사처럼 생각하였습니다. 조선 후기로 접어들면서 지방의 토착 세력이 난립하고 나라의 질서가 혼란했던 시기에 가난과 폭정에 고통받던 백성들에게는 더더욱 선망의 대상이 되었습니다.

최초 1550년(조선 명종 5년)부터 1896년(조선 고종 33년)까지 암행어사가 파견된 숫자는 모두 613회라고 합니다. 매년 평균 1.8회인데 가장 많이 파견한 해는 무려 28명이나 파견한 적도 있습

니다. 또 명종 말기와 선조 초기의 20여 년 동안은 파견이 한 차례도 없기도 했습니다.

조선에 관심 있던 외국인에게도 암행어사는 신기한 제도였습니다. 1882년 그리피스(William E. Griffith)의 『은자의 나라, 조선(Corea, the Hermit Nation)』에서는 암행어사를 '어두운 길을 걷는 메신저(The Messenger on the Dark Path)'라고 묘사하고 있습니다.

> 그들은 왕으로부터 봉해진 명령서를 받는데
> 도성 밖에 나갈 때까지 뜯어보아서는 안 된다.
> 자택에도 들르지 못하고 즉시 목적지를 향해 떠나야 한다.
> 완벽하게 변장하고 비밀스럽게 여행하면서
> 민심과 관리의 소행을 살핀다.

◀ 은자의 나라, 조선

패초와 추생

암행어사는 초기에 과거에 급제한 적이 있는 정3품 이하의 관료(당하관)로 임명하였으며 자격이 엄격하게 유지되었습니다. 그러나 조선 후기로 오면서 정3품 이상의 고위직(당상관)을 임명하거나 과거에 급제하지 않은 사람을 임명한 경우도 발생했습니다.

암행어사는 혈기왕성한 20~30대의 청렴하고 강직한 젊은 인물들이 주로 임명되었습니다. 홍문관, 성균관 등을 거친 관원이 많았고, 과거에 갓 급제한 인물을 발탁한 경우도 있었습니다. 심지어 환관을 암행어사로 임명하려는 시도도 있었지만 반대에 부딪혀 실패합니다. 1644년(조선 인조 22년) 2월 비변사에서는 환관의 암행어사 임명을 강력히 반대하였고, 왕은 의견을 받아들입니다. "궁중의 환관 무리로 수령의 잘잘못을 비밀리에 살피게 하라고 한 말은 더욱 무리합니다. 아무리 혼란한 세상이라도 어찌 환관으로 암행어사를 삼은 일이 있었겠습니까."

그렇다면 왕을 대신하는 중요한 역할을 젊은 관리들에게 맡긴 이유는 뭘까요? 우선은 직무 성격상 부정부패를 적발하는 것이었기 때문입니다. 아무래도 정의감이 넘치는 젊은 관리일수록 사사로운 정에 이끌리거나 불의와 손잡을 가능성이 적다고 보았을 것입니다. 그리고 체력 문제도 중요했을 것입니다. 암행어사는 지방을 몇 개월씩 말을 타거나 걸어 다녀야 하는 고된 일이었습니다. 게다가 낯선 잠자리와 식사도 불편할 수밖에 없었습니다. 이런 어려움을 견디려면 젊은이들이 유리할 수 있었을 겁니다.

　그러나 행정 실무 경험이 부족할 수밖에 없어 발생하는 문제점도 꽤 있었습니다. 아무래도 실무 경력이 적은 신참 관료들이 경험이 풍부한 지방 수령들을 상대하기에는 한계가 있었을 거라는 얘기입니다. 1763년(조선 영조 39년) 4월 충청도 암행어사 이재간에게 충주 지역 곡식 창고의 장부를 점검하도록 하였습니다. 점검 후 돌아온 이재간이 아무런 문제가 없다고 보고하였는데, 얼마 후 실제 곡식이 장부에 비해 턱없이 부족하다는 게 밝혀졌습니다. 왕은 조사를 소홀하게 한 이재간을 파직하고 수령 신확을 잡아오도록 명령했습니다. "창고에 6천여 석의 곡식이 있어야 하는데도 단지 16석만 있다니 지극히 한심한 일이다. 이런 것은 모두가 분명 불법에 관계된다. 그런데도 어사는 수령 얘기를 그대로 믿기만 하여 잘하고 있다고 보고하는 것은 용납할 수 없다." 이후에도 암행어사의 경험 부족은 계속 제기되는 문제였습니다. 1795년(조선 정조 19년) 4월 왕은 어사의 경험 부족으로 인한 문제점을 직접 언급하기도 합니다. "이번에 암행어사 4명을 파견할 때 그들이 어리고 경험이 없다는 것을 모르는 바는 아니었으나, 부득이 몇 개 도에서 고을을 골라 조사해 보도록 하였다. 그런데 명색이 암행어사가 출도하지 않았던 때가 예전에도 있었던가. 남몰래 갔다가 남몰래 돌아오는 경우는 매우 희귀하다."

　처음에는 왕이 단독으로 임명하였으나, 이후 대신들이 후보를 뽑아 올리면(초계, 抄啓) 후보들 가운데 왕이 암행어사로 선정하는 방식이 일반적이었습니다. 1650년(조선 효종 1년) 5월 왕은 대신들에게 암행어사 자격이 있는 자를 추천하라고 지시합니다. "나는 사람을 알아보는 식견이 없어서 어떤 사람을 보내야 할지 모르겠다. 관리 중에 어사 자격이 있는 자를 대신들이 넉넉히 가려서 보고하면 선택해서 보내겠다." 왕의 지시에 따라 의정부 대신들이 적합한 인물들을 추천하게 됩니다.

그러나 이로 인해 누가 암행어사로 파견될 것인지에 대한 정보는 외부로 누설될 가능성이 아주 높아지게 되었습니다. 임무지가 미리 알려지는 것은 이전에도 제기되었던 문제였습니다. 1523년(조선 중종 18년) 5월 사헌부에서 왕에게 비밀 누설 문제를 보고합니다. "어사를 파견할 때에 임무 지역이 어딘지 즉시 알려지고 있습니다. 이것은 어사가 치밀하지 못해서만이 아니라 승정원 역시 조심하지 못한 탓입니다." 사헌부는 어사 파견의 비밀이 왕의 명령을 전달하는 승정원에서 유출된다는 의심을 하고 있는 것입니다. 그런데 왕도 이 문제를 알고 있었습니다. "어사를 파견하는 고을이 부당하게 알려진 일은 내가 일찍이 들었다. 승정원에 그 이유를 물으니 '명령을 어사에게만 말했을 뿐이며, 알려진 이유는 모르겠다.'라고 하여 더이상 책임을 묻지 않았다."

암행어사 임명은 왕이 암행어사로 선정된 사람을 궁으로 불러 (패초, 牌招)와 파견될 지역을 결정(추생, 抽栍)하는 절차를 거쳤습니다. 왕이 암행어사 후보자를 선정하면 승정원에서 직접 대상자에게 연락을 취했습니다. 패초는 승정원에서 임금의 명을 받아서 관리를 부를 때 나무로 만든 패를 사용하는 것을 말합니다. 어사 후보자에게 전달되는 나무 패는 모양부터 매우 독특했습니다. 나무 패에 붉은 색을 칠했고, 앞면에는 '명(命)' 자가 새겨져 있고, 뒷면에는 대상자 이름이 적혀져 있었습니다. 만약 부득이하게 응하지 못할 경우에는 명패에 '부진(不進)'이라고 써서 거부 의사를 밝혀야 했습니다. 그러나 왕조 국가에서 어떤 이유에서든지 임금의 명령을 거부할 때에는 처벌도 각오해야 하는 건 당연한 것입니다.

파견 지역은 왕이 직접 선정하였는데, 8개 도와 360개 지역을 참댓가지에 기재하여 통에 보관하다가 임금이 그 중에 몇 개를 뽑는 제기뽑기 방식이었습니다. 파견 지역을 임의로 선정한 것은 대상지 선택에 사사로운 감정이 개입하는 것을 막기 위해서였습니다. 그러다 보니 왕이 보내고 싶지 않은 지역이 뽑히는 경우도 발생했지만, 어쩔 수 없는 일이었습니다. 1660년(조선 현종 1년) 8월에 사간원에서 추생에 얽힌 예전 일화를 언급합니다. "옛날 선조 임금께서는 어사를 파견하기 위해 추생할 때에 가까운 친척이 있는 곳이 마침 뽑혀진 데에 들어 있었습니다. 임금께서 다시 통에 꽂으니 어떤 환관이 땅에 엎드려 말씀드렸습니다. '임금의 사사로운 정이 이러한데 어떻게 신하들을 책망할 수 있겠습니까?' 그러자 임금은 미소지으며 도로 뽑았습니다. 그리하여 그 수령은 끝내 죄를 받게 되었는데 지금껏 훌륭하게 처리한 일로 일컬어 오고 있습니다."

봉서와 마패

왕은 암행어사에 임명되었음을 알리는 밀봉된 문서(봉서, 封書)와 중점적으로 점검해야 할 사항과 파견 지역이 적힌 문서(사목, 事目)를 마패, 유척과 함께 직접 주거나 암행어사의 집으로 관리를 보내 밀지를 내려 임명하였습니다.

파견 지역으로 선정된 곳은 반드시 돌아보고 와야 하는 것이 의무였습니다. 그것을 제대로 지키지 않고 지역을 빠뜨린 경우에는 처벌받기도 했습니다. 1685년(조선 숙종 11년) 12월 사헌부는 함경도 암행어사였던 이징명을 탄핵하였습니다. "함경도 암행어사 이징명이 제출한 보고서를 보니 암행 염찰하도록 당초에 추생하였던 고을 한 곳을 함부로 누락했습니다. 이는 암행어사의 임무를 소홀히 한 것이므로 파직을 명하시기 바랍니다." 결국 왕은 이징명을 파직 처분하였습니다.

마패(馬牌)는 지름이 10cm 정도의 둥근 모양이었습니다. 한쪽 면에는 발행 기관인 상서원과 연호, 마패를 제작한 날짜가 쓰여 있고, 다른 면에는 1~5마리의 말을 새겨 있었습니다. 초기에는 나무로 만들었지만 파손이 자주 발생하자, 조선 세종 때부터 구리 등으로 만들었습니다. 마패는 대략 30리마다 있던 공무상 교통 편의 제공을 위해 역마를 보유한 역에서 마패에 적힌 수량만큼 말을 징발할 수 있었습니다. 어사 마패는 주로 2마리가 그려진 경우가 많았습니다. 지방에 몰래 다니면서 말을 많이 끌고 가면 금방 들통나기 쉬웠기 때문에 3마리 이상의 마패를 사용하는 것은 무리였다고 합니다. 한 마리는 본인이 타고 또 하나는 서리에게 주어 짐을 싣는 목적으로 이용했던 것으로 보입니다.

1625년(조선 인조 3년) 2월 암행어사로 임명된 박정이 왕에게 고충을 말합니다. "마패로 지급받는 말이 두 마리뿐입니다. 서리를 그냥 걸어가게 할 수도 없는 노릇이고 양식을 싣고 가는 것도 어렵습니다. 일전에 명을 받들고 가는 신하는 범법을 면하기 어려웠습니다. 근래에는 어사가 떠나면서 한 마리를 더 청하기도 했습니다." 그러나 왕은 전례대로 하라면서 그의 건의를 거부했습니다.

그러나 긴급한 일이 있으면 말을 추가로 지급하기도 했습니다. 1630년(조선 인조 8년) 8월 신하가 어사에게 말을 지급하는 문제를 보고합니다. "어사가 말하기를, '전례에 만일 시급한 일이 있으면 일마패(一馬牌)를 더 가지고 떠난다.'라고 하였습니다. 어떻게 해야 할지 여쭙니다." 왕은 마패를 더 주어서 보내라고 명령했습니다. 이후에도 필요한 경우라고 판단되면 말을 추가로 지급할 수 있는 마패를 더 지급하기도 했습니다.

처음에는 암행의 비밀을 유지하기 위해 궁궐의 말을 이용하는 것을 생각했다고 합니다. 그러나 임무 수행 중에 말이 병들거나 죽는 문제가 생길 수 있었습니다. 그래서 말을 빌리는 과정에서 신분이 노출될 수 있는 염려가 있었지만, 별 수 없이 역마를 이용하는 계기가 되었습니다. 이후 역마를 이용할 수 있는 마패는 암행어사의 대표 상징이 되었습니다.

마패는 중앙에서 파견된 관리만이 휴대할 수 있었으므로 암행어사의 신분 증명이 되기도 하였습니다. 어사 출도 시에는 역졸이 마패를 손에 들고 관아의 문을 두드리면서 '암행어사 출도!'라고 크게 외쳤습니다. 그리고 창고를 봉쇄하거나 처분 문서에도 마패를 날인해서 직인으로 사용하였습니다.

암행어사의 상징인 마패의 위력을 잘 보여주는 사례가 있습니다. 1739년(조선 영조 15년) 9월 암행어사 이성효가 수령의 비리와 불법을 알아차리고 창고를 봉쇄하려고 할 때였습니다. 그러자 수령이 갑자기 칼을 뽑아 이성효에게 크게 외쳤다고 합니다. "길거리에서 밤에 들어온 걸 보니 너는 분명히 가짜 어사일 것이다. 내가 단칼에 너를 죽이겠다." 위급한 상황에 빠진 이성효는 품 안에 있던 마패까지 보여주었지만, 수령은 계속 믿을 수 없다고 했습니다. 그러자 이성효는 마패를 수령 앞에 던지며 말했습니다. "네가 이것을 보고 마음대로 해라." 비로소 마패를 자세히 본 수령은 기가 꺾였다고 합니다.

흥미로운 점은 암행어사 제도가 사라진 이후인 일제강점기 무렵에도 민중들 사이에서 마패가 많이 사용되었다는 것입니다. '마패를 집 안에 걸어두면 귀신이 범접하지 못한다.'라는 미신이 돌아 마패를 일종의 부적처럼 사용되면서 가짜 마패가 많이 제조되었다고 합니다. 암행어사는 사라졌지만 약하고 억울한 민중의 수호신으로 계속 존재한 것입니다.

▲ 마패와 유척

　유척(鍮尺)은 국가 표준 척도가 그려진 20cm 내외의 놋쇠 자입니다. 어사에게는 보통 2개를 지급했다고 합니다. 하나는 죄인을 매질하는 형구 크기를 법전 규정대로 준수하는지 확인해 과도한 형벌을 방지하기 위한 것이며, 다른 하나는 도량형 기구가제대로 만들어졌는지를 점검해 세금 징수를 고르게 하고 자의적인 세금 징수를 방지하기 위한 목적이었다고 합니다. 1781년(조선정조 5년) 2월 평안도 암행어사 유의가 규정에 맞지 않는 형구가사용되고 있다고 보고하자, 왕이 수령을 파직하고 잡아서 조사하라고 지시합니다. "은산현의 형구가 크기가 맞지 않은 것은 법을 크게 무시한 것이다. 어사가 잠깐 동안 적발한 것도 이와 같았으니, 평상 시에는 원래 법을 지키지 않았음을 알 수 있다." 유척에는 형벌과 세금 이외에도 다른 사용 목적이 또 있었는데, 그것은 범죄 현장입니다. 유척에 새겨진 척도는 시신의 위치와 상처의 크기를 잴 때 사용되기도 했습니다.

암행어사는 임명과 함께 본인 집에도 들르지 않고 목적지로 바로 출발했습니다. 초기에는 이런 원칙을 어기면 처벌받는 사례도 있었으므로 엄격하게 지켜졌습니다. 1639년(조선 인조 17년) 5월 사간원이 왕에게 보고합니다. "명을 받은 신하는 황공하고 걱정하는 마음으로 곧바로 길에 오르는 것이 당연합니다. 그런데 지난해 암행어사로 임명되었던 이행우와 김진은 자기 집에 가서 인사를 하고 떠났다고 합니다." 왕은 둘을 모두 파직하였습니다. 그러나 조선 후기로 가면서는 임명 후 사전준비를 한다는 이유로 며칠 있다가 출발하는 경우도 있었습니다.

봉서 겉면에는 초기에는 '입경개견(入境開見)' 또는 '입도개견(入道開見)'으로 썼고, 나중에는 '지남대문외개견(至南大門外開見)' 또는 '도동대문외개탁(到東大門外開坼)'으로 썼습니다. 서울을 벗어난 후에야 갈 곳이 어디인지 볼 수 있도록 하여 임무와 지역이 사전에 알려지는 것을 막은 것이었습니다.

암행어사는 그 이름처럼 역할과 활동뿐만 아니라 임명도 지역도 출발한다는 사실 자체도 모두 비밀리에 이루어졌고, 성공적인 임무 완수를 위해 많은 노력을 했다는 사실을 알 수 있습니다.

조선 순조 때 암행어사 박래겸이 쓴 『서수일기(西繡日記)』에서는 암행어사의 길 떠나는 모습을 그리고 있습니다.

해진 옷에 부서진 갓 차림에
조랑말에 걸터앉아 길을 떠났다.
새벽달은 구름 같고 구불구불 서쪽으로 가는 모습이
영락없는 가난한 선비의 행색이라
내가 보아도 우스꽝스러웠다.
길에서 아는 사람을 많이 만나게 되어
부채로 얼굴을 가리고 갔다.

팔도어사재거사목

조선 초기에는 어사의 조사 항목을 지방 수령이 제 역할을 하고 있는지와 백성을 괴롭힌 사례와 실적 허위보고 등으로 포괄적으로 정하고, 증거가 명백한 자는 옥에 가두고 신문하도록 권한을 규정하였습니다.

이후 암행어사 제도가 발전함에 따라 맡은 임무는 더욱 구체화되었습니다. 임진왜란 등 전쟁 이후 나라가 문란해지자 관리들의 근무실적 조작과 같은 비위 유형을 구체적으로 나열하였습니다. 또한 효행과 청렴이 뛰어난 자를 포상하고 자식 없는 노인과 부모 잃은 아이처럼 의지할 데 없는 사람을 찾아 위문할 것을 요구하기도 했습니다.

1681년(조선 숙종 7년) 암행어사로 임명하면서 주어진 업무 지침에서는 관리 규찰뿐만 아니라 윤리 예절 문제까지도 임무 범위에 포함되었습니다.

- 몸을 간결하게 하지 아니하고 인사가 공정하지 않은 자, 군졸을 괴롭혀 자신을 살찌우게 하는 자를 살핀다.
- 윤리와 예절을 허물어뜨린 자와 거짓을 말하여 백성을 어지럽게 한 자, 강제로 일을 시키고 사사로이 백성들을 일에 동원한 자는 모두 적발하여 가두고 보고한다.
- 중대한 범죄 처리를 미루어 여러 해가 경과한 것, 관리가 백성을 해치며 도둑질하는 자, 관리가 병사의 재물을 빼앗아 먹은 자는 모두 강하게 처벌한다.
- 효성과 청렴이 뛰어나거나 천민으로 행실이 모범인 자를 찾아 장려하고 포상한다.
- 홀아비, 과부, 고아, 자식 없는 사람이 가난하여 의지할 곳이 없는 자와 100세 이상인 선비를 방문한다.

1735년(조선 영조 11년) 암행어사 업무 지침을 보면 관리의 청렴성과 형벌의 공정성에 대해서 구체적인 처리 지시가 있었다는 것을 알 수 있습니다.

- 반드시 증거가 될 만한 문서를 잡은 뒤에 비로소 창고를 봉쇄한다.

- 왕래를 비밀리에 하고 한 곳에 오래 머물지 않는다.
- 관아의 도둑 잡는 일과 말 관리 상태도 상세하게 살펴본다.
- 부당한 이득을 위해 백성을 고통스럽게 하는 자, 저장해 둔 곡식을 함부로 나누어 주고 이득을 취하는 자, 백성들에게 세금을 거둘 때 지나치게 받는 것이 없는지 살펴본다.

때로는 왕이 암행어사에게 구체적으로 특정한 임무를 봉서에 기재하여 지시하는 경우도 있었습니다. 1783년(조선 정조 7년) 여름에 왕은 조홍진을 강원도 동부 지역의 암행어사로 임명하면서 구체적인 임무를 부여합니다. 산삼의 상납 문제가 심각하니 이런 폐단이 생기는 이유를 자세히 조사해서 대책을 조목조목 열거하여 보고하라고 명령합니다. 같은 해 11월 조홍진은 조사 결과를 보고합니다. "원래 산삼을 공물로 바치는 것은 산삼이 원래 희귀하고 가격도 비싸서 폐단이 컸습니다. 게다가 상인들이 중간에서 농간을 부리는 것에도 원인이 있었습니다. 공물의 상납 과정에서 하나라도 퇴짜를 맞는 것이 있으면 상인들은 해당 고을로 가서 산삼 값을 더 주지 않으면 앞으로 기준대로 바칠 수가 없다면서 수령을 협박하였습니다. 그렇게 되면 고을 수령은 어떤 식으로든지 백성들에게 더 거두어 보충하였기 때문에 폐단이 계속 늘어나는 실정입니다." 이렇게 되자 다음해 2월 비변사는 조홍진의 보고를 검토해서 대책을 만듭니다. "상인들의 농간을 바로잡는 대책으로 산삼 값은 마을에서 받아가고 산삼은 상급 관사에 바치게 한다면 값이 마음대로 바뀌지 않게 될 것입니다. 이런 방법으로 폐단을 바로잡을 수 있습니다." 왕은 보고대로 시행하도록 명령하였습니다.

특히 정조는 지방 행정의 관리와 감독을 위해 암행어사를 가장 적극적으로 활용하였습니다. 그리고 암행어사에게 막강한 힘을 실어주기도 했습니다. 심지어 1785년(조선 정조 9년) 1월 첫날 전국에 보낸 문서에서도 암행어사를 파견하는 이유와 목적을 직접 언급하기도 합니다. "나는 암행어사가 있으므로 논밭을 잘 갈았는가 못 갈았는가 하는 것을 자연히 조사하여 상도 주고 벌도 줄 수 있다. 그것을 감히 소홀히 할 수 있겠는가?"

정조는 즉위 기간인 25년 동안 암행어사를 60회나 파견하였다고 합니다. 또한 정조는 암행어사가 파견 기간 중에 수행해야 할 임무들을 구체적으로 규정한 『팔도어사재거사목』을 만들었는데, 경기 29개 조, 호서 34개, 호남 36개, 관서 44개 조, 북관 37개 조 등 각 도별로 업무 내용을 세분하였습니다. 사목 내용은 공통적인 문제점인 삼정(三政)의 문란과 형벌 조사 시 착안 사항을 규정하였고, 각 지방의 특성에 따른 다양한 세금 문제 등 개별 사항을 규정하고 있습니다.

정조의 꼼꼼하고 치밀한 업무 태도는 암행어사에게 보낸 봉서에도 잘 나타납니다. 정조는 수시로 암행어사를 파견하면서 그들에게 해당 지역에 가서 염탐할 사항을 분야별로 자세히 기록한 봉서를 작성해 주었습니다. 1783년(조선 정조 7년) 6월 왕은 영남 암행어사로 파견되는 심기태에게 보낸 봉서에서 암행어사의 조건에 대해 논합니다. "경기와 충청으로부터 경상도에 이르기까지 지나가는 각 고을은 한결같이 추생된 고을을 염탐하는 것처럼 조사하라. 추생된 지역과 인근 마을 수령의 치적 이외에도 여러 도의 관찰사와 병사, 수사, 찰방 등이 유능한지도 자세히 염탐하여 보고하라. 불법을 저지른 수령의 죄가 명백히 드러났을 경우에는 즉시 봉고하고 그 죄상은 조정에 돌아온 뒤에 논하도록 하라. 근래에 어사로 파견된 자들이 입을 조심하지 않아 가는 곳마다 신분이 쉽게 탄로 나고 있다. 암행어사라는 명칭을 가졌는데 사람마다 지목을 한다면 실로 임금의 명령을 욕되게 하는 것이다. 만일 다시 앞사람의 잘못을 되풀이한다면 그대를 파견한 본뜻이 결코 아니다. 그대는 각별히 유념하여 혹시라도 소홀히 하지 말라. 암행의 조건은 아래에 자세히 기록하였다." 그런 후에 왕이 심기태가 수행해야 할 임무로 언급한 것은 15가지나 됩니다. 이후 암행어사 임무를 마친 심기태의 서계를 읽어 본 왕은 그를 직접 불러 극찬합니다. "그대는 고위 관리를 두려워하지 않고 탄핵했으니, 근래 어사 중에서 최고라고 할 만하다."

비밀 활동

암행어사 임명 시에는 1개 군에서 2~3개 도 등으로 활동지역을 지정하여 명령했습니다. 암행어사는 지정된 지방과 통과하는 지방의 관서와 수령, 관료들을 규찰하는 것을 임무로 했습니다. 만일 다른 지방에 사건이 있는 경우에도 조사 대상에서 제외되며, 국왕에게 그 사실을 보고할 수 있을 뿐이었습니다. 1793년(조선 정조 17년) 6월 왕이 이 문제를 직접 언급하기도 합니다. "어사에게 내리는 봉서는 그 자체가 지극히 엄중한 것이다. 만일 이웃 고을들을 같이 탐지하라는 말이 없으면 지나가는 지방 고을들의 수령들을 감히 공격할 수 없는 것이다." 그러나 이러한 원칙도 조선 후반기에 접어들면서 많이 바뀌었습니다. 지나가는 각 고을도 같이 염탐하는 것으로 바뀐 것입니다.

암행어사의 임무 지역을 제한한 것은 활동 범위가 중복되는 것과 같은 혼란이 발생할 수 있었기 때문입니다. 실제 조선 후기에 어사를 많이 파견하면서 서로를 가짜라고 충돌하거나 같은 고을에 여러 어사가 서로 출동하는 일도 일어나기도 했습니다.

실제 선정되지 않은 다른 지역의 문제점까지 암행어사가 함부로 거론하는 것은 문제가 되기도 했습니다. 1692년(조선 숙종 18년) 2월 암행어사 김문하가 파견 지역이 아닌 다른 지역에 대해서도 기록하여 보고하자 좌의정 목내선이 이 문제를 지적합니다. "암행어사는 정해진 곳 이외의 수령들이 잘 다스리지 못했거나 죄를 저지른 것에 대해서는 다시 명령을 받은 다음에 거론하여 처벌하거나 사실을 전달하는 것에 그쳐야 합니다. 그런데 충청도 암행어사 김문하는 정해진 지역이 아닌 수령에 대해서도 곧이곧

대로 기록하였습니다. 이것은 이전에는 없던 일이니 그 책임을 물으시기 바랍니다."

암행어사는 신분을 감추고 몰래 다니면서 민생을 살피고 정보를 수집하였습니다. 당연히 정보 수집 중에는 몰래 수집한 정보를 누구에게도 함부로 누설하면 안 될 것입니다. 그런데 1671년(조선 현종 12년) 11월 충청도 암행어사 조위봉은 탐문 중에 친구 집에 들렀다가, 누구는 포상할 만하고 누구는 파직할 만하다고 말하였습니다. 그 말은 금세 퍼져 버렸고, 사헌부에서 책임을 물어 조위봉을 탄핵합니다. "암행어사의 사찰은 임무가 막중하므로 참으로 누설하지 않아야 할 것입니다. 그런데 탐문 중에 말을 함부로 한 조위봉의 처사는 매우 잘못되었으니 처벌하시기 바랍니다." 왕은 건의를 받아들여 파직하였습니다.

그 외에도 암행어사 활동을 소홀히 한 경우에도 엄중히 조사하라고 지시한 적이 있습니다. 1765년(조선 영조 41년) 2월 왕은 문제를 일으킨 어사에 대한 조사를 직접 지시합니다. "암행어사가 되어 약간의 고을을 몰래 다니면서 직접 살피지 아니하고 다른 사람을 시켜 조사하게 하였다. 또한 지나가는 고을에 아무리 친한 사람이 있기로서니 또 어찌 사사로이 방문한단 말인가? 임금의 명령을 엄격하게 생각하고 암행어사를 중하게 여기는 도리에 있어 엄중하고 조심하지 않을 수 없다. 지금 어사 이휘중의 행적은 한 번으로도 이상한데 더구나 두 번이나 그랬다는 말인가?"

제6장

성공한 어사와
실패한 어사

어사 출도

만일 수령 등의 불법과 비리 사실이 탐지되면 암행어사는 출도하여 신분을 밝히고 직무를 개시하였습니다. 부하나 역졸을 지휘하여 관아 문에 서서 "암행어사 출도"를 소리치게 하였으며, 군청에서는 수령을 제외한 모든 직원이 그를 맞이하였습니다. 이때 수령은 관복을 착용하고 인사한 다음 동헌(東軒)을 내놓고 보통 직원실로 옮겼습니다. 수령을 처벌할 필요가 없는 때에는 직무 수행을 위해 동헌을 사용하겠다는 취지를 수령에게 알린 후 은밀하게 동헌을 사용하는 것이 일반적이었습니다.

『서수일기』에서는 어사 출도를 외치는 상황을 이렇게 묘사하고 있습니다. "오후에 일제히 길을 떠나 그대로 해질 때쯤 관아 문 앞에 도착했다. 때마침 수령은 밖으로 놀러 나갔다가 아직 돌아오지 않았고, 관리들은 수령을 마중하려고 모두 관문 밖에 모여 있었다. 역졸들이 빠르게 암행어사 출도를 한 번 외치니 사람들이 무리 지어 놀라서 피하는 것이 마치 바람에 날려 우박이 흩어지는 듯했다. 온 성안의 등불이 모두 꺼지고 바깥 문들이 빠짐없이 닫혔다. 계속되는 소리로 빨리 외치는데 끝내 사람의 자취는 없었다." 사람들이 놀라 모두 도망가고 마을의 등불까지도 다 꺼지는 걸 보면 어사 출도의 파급력은 굉장했다는 것을 알 수 있습니다.

그러나 암행어사의 출도가 이렇게 시끄럽고 거창한 것만은 아니었습니다. 오히려 신분을 밝히고 협조를 요청하는 차분한 분위기 속에서 이루어지는 경우도 많았습니다. 이는 1783년(조선 정조 7년) 11월 왕이 암행어사에게 내린 업무 지시에서도 짐작할 수 있습니다. "만일 길에서 떠도는 백성들을 만나게 되면 바로 그 자리에서 출도하여 나라에서 그들을 구제하겠다는 뜻을 밝혀라." 즉 만나는 유랑민들에게 어사의 신분을 밝히고 공개적으로 임무를 수행하라는 것이었습니다.

어사가 출도하면 문서를 검토하여 행정이 잘 처리되고 있는지를 살펴보고 미흡하거나 태만한 부분이 있을 경우에 관리들을 문책(사열문박, 查閱問迫)합니다. 장부를 점검하여 부정한 방법으로 부당하게 거둔 세금이 있는지 살펴 과도한 세금은 백성들에게 다시 돌려주기도 합니다(반열창고, 返列倉庫). 그리고 억울한 옥살이를 심리하여 죄인의 죄를 다시 묻고(심리원옥, 審理冤獄), 적발된 탐관오리를 옥에 가두는(유치죄인, 留置罪人) 것과 같이 지방행정 업무가 적정하게 처리되고 있는지를 확인하였습니다.

확인 과정에서 불법 사실이 발견되면 불법을 입증하는 문서에 수령의 답인(踏印, 수령의 관인을 찍음)을 받아 물증을 확보(현착, 現捉)한 후 '봉고'라고 쓴 백지에 마패를 날인하여 창고 문을 봉쇄(봉고, 封庫)하고 이를 관찰사에게 통보하며, 왕에게 보고하고 파직하는 절차를 거쳤습니다. 즉 불법 사실에 대해서는 '현착 → 봉고 → 서계 → 파직'의 4단계를 거쳐서 처리했습니다.

1779년(조선 정조 3년) 6월 왕은 경상도 암행어사 황승원을 출도 절차를 제대로 지키지 않았다는 이유로 파직 처분했습니다. "어사가 답인 문서를 손에 넣지 못했다고 하고, 단지 아전의 얘기만 듣고 지레 먼저 봉고하였으니, 이는 법령에 저촉되는 것이고 훗날의 폐단이 될 것이다."

암행어사에게 부여된 권한을 제대로 행사하지 못하는 경우에는 문제가 되었습니다. 1795년(조선 정조 19년) 4월 호남 암행어사 이희갑이 나주에서 굶주린 백성을 구제하지 못해 죽은 자가 많이 발생한 사실을 알고도 출도하지 않은 채 그냥 돌아왔습니다. 왕은 화를 내면서 즉시 돌아가 다시 조사하도록 지시하였습니다. "내가 어사를 보낸 것은 특별히 명령이 있던 것이다. 그런데도 암행 대상 읍에 모두 출도하지 않았다고 한다. 바로 출도해서 사실 조사를 하지 않은 이유가 무엇인가. 오늘 안으로 다시 내려가 출도한 뒤 조사 결과를 상세히 보고하라." 그런데 이희갑은 다시 조사한 후에 64명이 죽는 등 불법 사실이 중대하므로 나주 목사 조시순을 봉고해야 한다고 보고하였습니다. 그러자 왕은 "암행어사가 봉고하면 되지 왜 보고하고 봉고하려 하느냐."고 엄하게 질책하고 그를 파직하였습니다.

수령의 잘못을 미처 적발하지 못하면 오히려 암행어사가 처벌받기도 했습니다. 1652년(조선 효종 3년) 9월 충청도 암행어사로 채충원을 임명하면서 왕은 탐욕을 부리면서 백성을 학대하는 수령이 있으면 사실대로 보고하라고 지시했습니다. 그러나 채충원은 한 사람의 잘못도 지적하지 못했습니다. 결국 왕은 화가 단단히 났습니다. "지금 충청도 암행어사 채충원의 서계를 보니 조사한 것이 모호할 뿐만 아니라, 직접 단속하라고 보낸 뜻이 어디에 있는지 모르겠다. 여덟 고을 수령 중에서 한 사람도 잘못한 사람이 없다면 어찌 된 일인가. 내가 직접 지시했는데 이처럼 형편없다면 다른 사람들이야 말해 무엇하겠는가. 채충원을 파직한 후 조사하여 사사로운 정을 따르고 공적인 도의를 무시하여 임금의 명을 가볍게 여기는 풍조를 바로 잡아라."

암행어사가 수령에게 집무를 집행하지 못하게 하였을 때에는 이방이 관찰사에게 보고하여 지휘를 받았는데, 관찰사는 인근 지역의 수령에게 겸직을 명하게 하고 이조에 보고하였습니다. 이조에서 암행어사의 처리가 정당하다고 인정되면 수령은 파직 처분을 받았습니다.

암행어사가 출도하면 백성들은 암행어사를 직접 찾아가 억울한 문제를 해결해 달라고 하소연했습니다. 어사가 출도한 이웃 마을까지 찾아와서 억울함을 호소한 사람은 하루에 수백에서 많게는 천 명이 넘었다고 합니다. 『서수일기』에는 암행어사를 찾아가는 백성들의 이야기가 나옵니다. "강 나루터에서 배를 기다리는데 어떤 사람이 말을 타고 왔다. 그에게 급하게 어디로 가는지를 물어보았다. '암행어사가 출도했다 해서 억울함을 호소하기 위해 빨리 달려가는 길입니다.' 내가 어제 아침에 암행어사가 출도를 끝내고 자취를 감추었다고 말했더니, 그는 멍하니 한참 있다가 다시 말했다. '암행어사가 도대체 어디로 갔단 말입니까. 비록 자취를 감추었다고는 하나, 분명 이 근처에 있을 것이니 뒤를 따라가야겠습니다.'"

또한 암행어사 출도를 외친 다음에는 다른 지역 관리들로부터 접대와 향응 요청이 이어졌습니다. 지방 수령들에게 앞으로 촉망받는 중앙의 젊은 관리와 인연을 맺고 싶은 것은 어쩌면 당연한 유혹일 수도 있겠습니다. 그러다 보니 암행어사로서의 행동에 부적절한 일탈이 발생하기도 했습니다.

1833년(조선 순조 33년) 10월 사간원이 암행어사의 지나친 출도를 문제 삼았습니다. "경기도 암행어사 이시원은 경기도 37개 고을 가운데 무려 20여 곳이나 출도했습니다. 접대를 받고 역마를 바꿔 타면서 끼친 폐단을 이루 헤아릴 수 없으며, 몰래 다녀야 하는 도의를 크게 어겼습니다. 그리고 성묘를 한다면서 성대한 위세를 부리고, 관아에서 제사 물품을 마련하였으며, 벌초할 때에는 병사를 징발했으며, 창고를 열어서 사사로이 빌려주기도 했습니다." 그런데도 왕은 처벌을 거부하면서 오히려 문제를 제기한 사간원을 질책했습니다. "남을 너무 심하게 논박하는 것은 본래 아름다운 일이 아니다. 그대의 말이 또 이것에 가깝지 않겠는가?" 그러나 암행어사의 비리와 불법을 보고받고도 아무런 문제를 삼지 않는 사건 처리를 보면 조선 후기에 문란했던 국정의 분위기를 짐작할 수 있습니다.

서계와 별단

암행어사는 임무를 마친 후에는 돌아와 서계(書啓)와 별단(別單) 각 1통을 작성하여 왕에게 보고하였습니다. 서계에는 전·현직 관찰사와 수령의 비위와 치적을 기록하였고, 서계에 부족한 내용을 기록하여 덧붙이는 별단에는 민정, 군정의 실정과 숨은 의로운 이야기나 효자의 행적 등을 적었습니다. 서계는 필수 임무였지만, 별단은 선택 사항이었습니다.

중앙 궁궐에 있는 왕은 지방에 파견된 암행어사의 서계를 통해 지방 관리의 비리와 잘못을 파악할 수 있었습니다. 1781년(조선 정조 5년) 3월 암행어사는 서계에서 파주 목사 이장한의 뇌물과 공금 횡령 사실을 고발합니다. 이후 왕은 그에 대한 조사 결과를 보고받고 분노합니다. "법이 지극히 엄중한데도 뇌물이 공공연하게 행해져 중대 범죄를 지연시켰으니, 이 한 가지 일만으로도 용서할 수 없는 죄이다. 그런데도 가볍게 죄인을 석방하였으니, 이는 특별한 혜택이라고 할 수 있다. 그걸로도 끝나지 않고 그가 아무리 무례한 사람일지라도 어떻게 관가 물품과 곡식까지 도적질할 수가 있단 말인가? 이를 무겁게 다스려야 한다. 기한을 정하지 않고 먼 곳으로 유배를 보내도록 하라."

서계에는 지역 관리의 비리와 무능에 대한 보고가 주로 많았지만, 잘하고 있다는 내용도 있었습니다. 왕은 서계 내용을 바탕으로 지역 관리를 칭찬하고 격려하기도 했습니다. 1792년(조선 정조 16년) 11월 왕은 양산 군수 성종인을 특별히 칭찬합니다. "근래 암행어사 보고를 통해 그대의 치적을 들었다. 그 자리에 특별히 임명한 뜻을 저버리지 않은 것은 지극히 가상하다. 오래 있으면서 성과를 올리게 하기 위해 우선은 포상하지 않으니 그대 더더욱 힘써 방법을 다해 백성을 돌보도록 하라."

서계에는 간혹 사실로 믿기 어려운 이야기가 실려 있기도 했습니다. 다음은 제주도에서 있었던 일이라고 합니다. 1794년(조선 정조 18년) 3월 제주도 어사 심낙수가 효자를 포상하도록 건의합니다. "제주 사람 박계곤은 효성이 뛰어났습니다. 제주에서 서울로 가는 바다 가운데서 배가 부서지고 표류하게 되자 배의 널빤지에다 부모와 영원히 이별한다는 내용의 글을 적어서 바다에 띄워 보냈습니다. 그런데 얼마 지난 후 그 널빤지가 부모의 집 앞에 도착하였습니다. 그의 아버지가 널빤지를 가지고 관청에 가서 사실을 알림으로써 배를 보내서 그의 시신을 싣고 돌아왔습니다. 제주 사람들은 박계곤의 효성이 하늘을 감동시킨 거라고 말한다고 합니다." 왕은 박계곤을 효자로 칭하도록 하고 사람들에게 경의를 표하도록 지시했습니다.

서계와 별단을 왕에게 직접 보고하는 것은 어사의 학식과 정견을 인정받을 수 있는 기회였습니다. 그래서 어사 본인의 출세에 많은 영향을 미쳤다고 합니다. 이황, 정약용, 김정희와 같은 뛰어난 학자들이 젊은 시절 암행어사로 활동하였고, 정승이나 판서를 지낸 많은 사람들이 암행어사 경력을 거쳤습니다. 백성의 생활을 몸소 경험하고 지방 통치의 문제점을 직접 파악해 본 것이 학문적 식견을 넓히거나 국가 운영에 참여하는 데 큰 자산이 되었을 것입니다.

그러나 암행어사가 임무에서 돌아온 후에도 오랫동안 서계를 제출하지 않거나 대리 집필시킨 사실이 알려지면 처벌받기도 했습니다. 또한 현장에 직접 가보지도 않고 서계를 작성해서 처벌받은 사례도 있었습니다.

1731년(조선 영조 7년) 이종성과 한현모는 각각 강원도 서부와 동부 지역의 암행어사로 파견되었습니다. 둘은 임무를 끝내고 돌아와서 5월 서계를 제출했습니다. 그런데 7월 사간원은 둘의 부적절한 행적을 문제 삼습니다. "어사는 그 책임이 지극히 엄중하고 비밀에 속하니, 어려운 일을 모두 겪으면서 한마디 말이나 글자도 감히 경솔하게 해서는 안 되는 것입니다. 그런데 이종성은 다른 사람을 보내 몰래 탐문했으며, 한현모는 그 지역에 가지 않고 수소문한 것을 서계로 만들었습니다. 모두 종전에는 듣지 못한 일입니다." 왕은 보고를 받고는 화를 내면서 엄하게 지시했습니다. "이종성과 한현모의 일은 뒷날의 폐단이 될 것이니 관직을 파면시켜라."

서계는 왕에게 직접 올리는 문서이기 때문에 작은 부분이라도 형식을 엄격하게 지키는 것은 중요했습니다. 1638년(조선 인조 16년) 10월 경상도 암행어사 목성선은 작성한 서계 때문에 조사까지 받게 됩니다. 서계에 원래의 문건을 첨부한 종이 뒷면에 '신(臣) 아무개'라고 쓰지 않았다는 것이 문제가 되었는데, 이런 것까지도 자세하게 검토하지 않았다는 점을 지적받은 것입니다. 1658년(조선 효종 9년) 3월에는 전라도 암행어사 이경징이 서계에 날짜를 빠뜨렸다고 조사받기도 했습니다.

또한 서계의 글이 논리적이지 않아서 무슨 내용의 보고인지 이해하기 어려운 경우에도 문제가 되었습니다. 1781년(조선 정조 5년) 1월 관서 암행어사 유의는 여러 차례 서계를 올렸는데, 이를 읽어본 왕은 서계가 부실하다고 질타했습니다. "암행어사의 임무는 반드시 근엄하게 하고 정밀히 조사하여야 한다. 그런데 유의의 서계를 보면 모두 일곱 번이나 보고했지만, 번잡하고 정연하지 못하고 혼잡하게 뒤섞여서 도저히 갈피를 잡을 수가 없었다. 보고 형식이 격식에 어긋나고 내용이 혼란스러운 것은 말할 것도 없으니, 직무를 제대로 수행하지 못한 죄를 면하기 어렵다. 유의를 엄중히 조사해라." 그래도 다행스럽게 추가 조사한 결과, 보고 내용은 대부분 사실로 밝혀져서 처벌은 면할 수 있었습니다. 결국 적극적으로 업무를 수행하다가 생긴 실수로 인정받았다고 할 수 있습니다.

부족한 여비

암행어사의 활동 여비에 대한 명확한 규정은 없었습니다. 여비를 지급한다고 해도 지급 여부가 불규칙하는 등 일정하지 않았습니다. 암행어사는 몇 개월씩 지방을 다니면서 활동하였는데도 여비가 불규칙하게 지급되었고, 지급하였다고 하더라도 매우 부족하였습니다. 결국 대부분의 필요 경비는 스스로 해결해야 했습니다. 그러나 암행어사는 고을에서 여비를 구한다든가 관아에서 숙식을 제공받는 것은 엄격히 금지되어 있었습니다. 숙소와 식사는 주로 주막이나 민가를 이용했고, 돈이 없으면 불가피하게 걸식과 노숙을 하기도 했습니다. 그래서 음식과 같이 필요한 생활 물자를 현지에서 빌리거나 인근 수령들에게서 얻는 방법 등으로 해결하였다고 합니다. 일반 관리들이 지방 출장을 떠나는 경우에는 여행허가서인 노문(路文)을 발행하여 방문지 수령들이 음식과 숙소를 제공하도록 한 것과는 차이가 있었습니다.

1696년(조선 숙종 22년) 3월 황해도 암행어사로 활동한 박만정은 임명될 때부터 임무를 끝내고 돌아올 때까지 65일간의 행적을 일기(『해서암행일기』)로 기록했습니다. 암행어사로 출발할 때

호조에서 여비로 준 것은 쌀 5말, 콩 5말, 무명 4필, 건어물 3마리, 굴비 3두릅과 엽전 5냥이었는데, 그 여비는 10일이 지나자 모두 떨어졌다고 합니다. 그렇더라도 파견 지역인 황해도에서는 여비를 얻을 수 없으니 평안도 지역의 아는 수령에게 잠깐 쉬어갈 뜻을 편지로 알리고 그곳까지 가서 식량을 얻어서 보충하였다고 합니다. 이때도 잠은 관아가 아니라 주막에 가서 잤다고 합니다. 이후 그것도 모자라자 서울 집으로 여비가 부족하다는 편지도 보냈습니다.

지원이 이렇게 궁핍하다 보니 1687년(조선 숙종 13년) 10월에는 경기도 암행어사로 임명된 김준상이 파견 지역에서 활동 중에 돈과 양식을 얻은 후 그 지역의 정치가 훌륭하다고 보고하였다가 파직되는 사건이 발생하기도 했습니다.

임무 수행 지역에서는 양식을 받는 것은 엄격히 금지되어 있었으므로 여비가 부족하게 되는 것과 같이 고충이 많았습니다. 특히 암행어사는 국왕이 직접 임명하였고 몰래 활동하다 보니 지원 기관도 마땅하지 않았기 때문에 어려움이 컸습니다.

암행어사는 홀로 다니지 않았습니다. 엄격한 신분 사회에서 양반 혼자서 낯선 지방을 다니면서 임무를 수행할 수는 없었습니다. 암행어사도 늘 하인을 데리고 다녔습니다. 암행어사는 보통 수행 인원이 역졸을 포함해 적게는 2~3명이었고, 많게는 10명 정도일 때도 있었습니다. 원래는 군관(軍官)이 암행어사를 수행하는 것이 관례였다고 합니다. 그런데 1788년(조선 정조 12년) 1월 왕은 암행어사가 사사로이 군관을 대동할 수 없게 하고, 금령을 어기는 자는 논죄하라고 지시하였습니다. 하인들은 다양한 정보 수집을 위해서도 필요하고, 식사나 잠자리를 알아보기 위해서도 필요했을 것입니다.

암행어사 일행은 많은 인원이 모두 함께 이동하지는 않았습니다. 대규모 사람들이 한꺼번에 이동하면 다른 사람들 눈에 띄기도 쉽고, 여러 고을을 조사하는데 많은 시간이 걸리기 마련입니다. 몇 개의 무리로 나누어 여러 곳을 조사하게 하고, 다시 특정한 장소에서 합류하는 방식을 취했습니다.

어사 길은 고생길

암행어사의 활동으로 백성들에게는 막연한 기대가 생겼고 정부에 대해서는 호의적인 분위기가 형성될 수 있었습니다. 암행어사가 다닌다는 소문만으로도 지방 수령들은 조심할 수밖에 없었을 것입니다.

그러나 암행 활동은 어려움이 많은 고행의 길이었습니다. 우선 어사들은 지금까지 공부만 한 문신 관료들이어서 변장이나 암행에 서툴렀습니다. 『서수일기』에서는 암행어사가 변장한 모습을 이렇게 설명하기도 합니다. "어사로 관아에 들어가자 사람들이 서로 수군거리며 하는 말이 '어사의 용모가 지난 번에 구걸하러 관아에 들어왔던 길손과 흡사하다.'"

게다가 작은 동네에 낯선 선비 일행은 금세 눈에 띄기 마련이었습니다. 특히 손님을 많이 상대하는 상인들은 손쉽게 암행어사를 알아챘다고 합니다. 그리고 당시 사람들이 다닐 수 있는 길은 한정되어 있었기 때문에 주변 마을에서는 암행어사가 오는 길과 시간을 충분히 예측할 수 있었습니다. 그러다 보니 어떤 고을에서는 암행어사가 지나가는 길과 주막을 지키고 있거나 아예 성문을 열어주지 않는 일도 발생했습니다.

1534년(조선 중종 29년) 5월 경상도 어사 오세우는 성문을 열어주지 않은 사건을 보고합니다. "옥포에 도달하자 본인이 오는 것을 확인하고 성문을 닫아 버렸습니다. 여러 방법으로 타일러도 문을 열어주지 않다가 시간이 한참 지나서야 문을 열었습니다. 그때야 안으로 들어갈 수 있었습니다." 보고를 받은 왕은 문을 닫고 열어주지 않은 것은 불법을 숨기려고 한 것이므로 수령을 먼저 파직하고 조사하도록 지시했습니다.

1536년(조선 중종 31년) 5월 충청도 어사 김익수가 비인현에 도착했는데 성문을 닫고 들여 보내지 않았습니다. 어사임을 밝혔는데도 끝내 열어주지 않아 인근 공주로 향했는데 길이 멀어서 밤이 늦어서야 도착했습니다. 감영까지는 10리 거리가 남았을 때 횃불을 가져오라고 하였으나 따르는 자가 없어서 어둠 속에 그냥 갔다고 합니다. 관아에 이르러 어사 출도를 알렸으나 와서 문안하는 자가 없었으며 목사와 판관도 나타나지 않았습니다.

어사는 말을 타고 다니느라 피곤하고 밥도 먹지 못했고 그대로 밤을 보냈는데 아침도 굶을 수밖에 없었다고 합니다.

심지어는 어사가 확보한 불법 문서를 몰래 훔쳐가는 사례까지 있었습니다. 1539년(조선 중종 34년) 10월 강원도 어사 송기수는 강릉에서 불법 문서 3건을 압수하여 책상 위에 열어보지 않은 채 그대로 놓고 다른 건을 조사한 후에 돌아왔더니 압수한 문서가 모두 사라지는 사건이 발생했습니다. 문서 도난 사실을 보고하자 왕은 사헌부에 명령을 내립니다. "그 문서 속에는 반드시 불법 행위를 한 것이 있었기 때문에 그렇게 숨겼을 것이다. 그 행위가 매우 치밀하다. 그리고 어사는 압수를 했으면 마땅히 즉시 보아야 할 것인데 잃어버렸으니 심히 허술했다. 어사도 같이 조사해라." 결국 강릉 부사가 하인을 시켜 문서를 훔쳐 갔다는 사실이 밝혀졌고, 이에 따라 그를 파직시켰습니다.

임무 수행 중에 납득하기 어려운 사유로 암행어사가 죽는 사건도 있었습니다. 1563년(조선 명종 39년) 4월 전라도 암행어사 홍양한은 태인현에 이르러 관리가 관물을 사사로이 사용한 것이 수천 석에 달한다는 말을 듣고 출도하려고 하던 즈음에 점심밥을 먹고 갑자기 죽었습니다. 암행어사가 갑자기 죽는 사고가 발생하자 사람들은 그가 독살된 것으로 의심했다고 합니다. 사간원에서도 의심스럽다며 의문을 제기했습니다. "어사 홍양한은 아전들이 많게는 수천 석을 빼돌렸다는 얘기를 듣고 여러 방면으로 조사하여 장차 출도하려고 하던 즈음에 점심밥을 먹고 갑자기 죽었습니다. 사람들이 많이 의심하고, 전해지는 말이 많습니다. 어사가 데리고 간 서리를 잡아 가두어 조사하도록 하시기 바랍니다." 이윽고 왕의 지시로 형조에서 주변 인물들을 조사했는데, '어사는 단지 국밥 몇 순갈을 먹었을 뿐이고, 남은 밥은 일행들이 먹었습니다.'라고 진술했습니다. 결국 왕은 모두 풀어주라고 명령했고, 여러모로 의심되는 사건이었지만 끝내 의혹을 밝히지는 못했습니다. 또한 1822년(조선 순조 22년) 6월 청북 암행어사 임준상이 강계부에 이르러 갑자기 설사와 구토를 하다가 죽었으나 원인을 밝히지 못하는 사건이 발생하였습니다.

암행어사는 일단 임무에 나서면 쉽게 돌아올 수 없었습니다. 만약 국왕이 죽거나 심지어 부모상을 당하더라도 업무 수행이 끝나야만 집으로 돌아갈 수 있었습니다. 그리고 그런 일은 실제로 있었습니다. 1659년(조선 효종 10년) 4월 전국에 암행어사가 파견되었습니다. 그런데 얼마 후인 5월에 효종이 갑자기 죽고, 현종이 즉위하였습니다. 그러자 국상(國喪) 중이라는 이유로 일부 관리들이 암행어사들에게 연락해 긴급히 돌아오기를 독촉하였습니다. 그러나 대사헌은 왕에게 어사들에게 일을 마친 후에 돌아올 것을 명령하도록 건의합니다. "명령을 받들고 나갔던 자가 국상을 당할 경우 반드시 맡은 임무를 마치고 나서 돌아오는 것이 바람직합니다. 지금 전국에서 암행 중인 어사들이 아직 일을 다 마치지 못했는데 별안간 빨리 돌아오라는 것은 선왕(효종)의 명령을 헛되이 버린 것입니다." 왕은 건의를 받아들여 암행어사들에게 임무를 계속 수행하도록 다시 지시했습니다.

1822년(조선 순조 22년) 9월 홍승규가 황해도 암행어사의 임무를 마친 뒤 한양에 도착하기 직전 성 밖에 도달하여 죽는 사건이 일어났습니다. 왕은 그의 죽음을 안타깝게 여기면서도 이렇게 말했습니다. "암행어사 홍승규가 응당 작성해 온 서계가 있을 터이니 승정원으로 하여금 받아들이게 하라." 그리고 이보다 한 달 전인 8월에는 경상도 암행어사 윤명규가 임무 완료 후 보고를 하기 전에 부모상을 당하는 일이 있었는데, 왕은 우선 서계만 급하게 올리라고 명령했다고 합니다. 결국 임무를 떠난 암행어사에게는 왕에게 보고해야 할 서계가 무엇보다도 가장 중요했던 것입니다. 암행어사 또한 국왕에 대한 철저한 충성심으로 맡은 역할을 수행했습니다.

반격과 앙갚음

암행어사는 왕의 특명을 받은 대리인이었으니 함부로 대할 수는 없었습니다. 1578년(조선 선조 11년) 3월 평안 관찰사가 자신보다 아래 직책인 어사가 제공된 숙소가 마음에 들지 않는다고 다른 집으로 옮겨버린 것은 자신을 업신여긴 것이라고 보고하자, 왕은 어사의 신분에 대해서 이렇게 말합니다. "어사는 비록 관직은 낮으나 친히 임금의 명령을 받들고 갔으니 후대해야 한다. 혹시 과중한 일이 있더라도 좋게 용납하면서 국가의 일을 앞세우고 개인 감정은 뒤로 해야 하는 것이다."

그렇지만 그들은 정3품 이하의 관료(당하관)에 불과했습니다. 그러다 보니 중앙 세력과 결탁한 지방 관리들과 지방 토착 세력의 반격도 만만찮았습니다. 암행어사에 대해서 직접 앙심을 품고 보복하는 경우도 있었고, 암행어사가 떠난 후 백성들이 앙갚음을 당하는 일도 있었습니다.

1638년(조선 인조 16년) 9월 전라도 암행어사 이계는 나주 목사 구봉서의 불법을 적발하여 처벌을 건의하였습니다. 문제는 이후 이계는 선천 부사로, 구봉서는 직속 상관인 평안 감사로 임명되었다는 점입니다. 원수 사이에 다시 불편한 관계가 되었습니다. 때마침 이계가 명나라 선박에 쌀을 지원한 사실이 있어 1642년(조선 인조 20년) 10월 청나라에 붙잡혀갔다가 돌아왔습니다. 이때 구봉서는 "이계가 청나라의 용골대 진영에서 국익에 반하는 발언을 하였다."라고 보고하였으며, 조정에서는 이계를 역적으로 간주하여 아버지 이진영과 아들 이국균까지 3명을 처형하였습니다. 이후 1675년(조선 숙종 1년) 11월 이계의 손자 이선이 이들의 죽음은 구봉서의 모함에 의한 것으로 억울하다는 상소를 올렸습니다. 다시 조사한 결과 역적으로 인정한 것은 잘못되었다고 판단을 내리고 이진영의 벼슬을 돌려주었습니다. 그러나 구봉서에 대해서는 아무런 처벌이 없었습니다.

암행어사에 협조했다는 이유로 보복이 당하는 일도 많았습니다. 1516년(조선 중종 11년) 9월 평안도 어사로 파견을 갔던 홍언필이 돌아와서 보고합니다. "선천 군수 우행언은 고을 백성들이 어사에게 억울함을 호소하는 것을 분하게 여겨 사람들을 잡아다 가두었습니다. 제가 고을에 도착하자 다른 백성들이 모두 도피하여 만날 수 없었습니다." 왕은 지시합니다. "어사들이 폐해를 물을 때 도피한 것은 수령들이 어사에게 말한 사람들을 나중에 괴롭히기 때문에 백성이 모두 보복이 두려워서 말하지 못한 것이다. 선천 군수를 잡아서 조사하라."

1787년(조선 정조 11년) 4월 경상우도 암행어사 이서구가 상주 목사 심기태의 불법행위를 적발하여 보고하니, 심기태를 파직시키고 곤장을 때려 먼 지방으로 유배를 보냈습니다. 이후 심기태의 친척인 경상 감사 이조원이 앙심을 품고 어사에게 진술한 관리와 기생을 형장에 1년 넘게 가둔 사실이 있다고 합니다.

심지어 과거 암행어사 시절의 행적을 직접 보복하려는 경우까지도 있었습니다. 1831년(조선 순조 31년) 4월 성수묵은 전라도 무안 현감으로 부임하는 길에 잠시 들린 영광 지역의 주막에서 공격을 당할 뻔합니다. 2년 전 그가 전라도 암행어사로 왔을 때 곤장에 맞아 죽은 고을 관리의 아들이 원수를 갚는다는 이유로 여러 명을 데리고 주막까지 찾아온 것인데, 다행히도 봉변을 겨우 피했다고 합니다.

그러나 여러 어려움에도 불구하고 당시에 지방 실상을 알아내고 탐관오리를 처벌하는 방법으로서는 암행어사 제도만한 것을 찾기 힘든 것이 사실입니다.

도망간 수령, 사랑에 빠진 어사

암행어사가 출도하자 바로 도망가 버린 고을 수령이 있습니다. 그 수령은 어디로 사라졌는지 끝내 돌아오지 않았습니다.

1525년(조선 중종 20년) 1월 황해도 어사 조종경은 강령현에서의 당혹스러운 일을 보고합니다. "강령현에 도착했더니 성문을 열어두는 시간인데도 문을 닫고 열어주지 않았습니다. 문을 열라고 소리쳐도 답하지 않아 부득이하게 성문을 부수고 들어갔습니다." 이후 조사 결과 불법 문서와 같은 수령의 잘못을 찾아내었습니다. 경비병들은 암행어사가 올 것이라는 정보를 미리 입수하고 있었던 것입니다.

그런데 흥미로운 건 성문을 잠근 이 사건이 여기서 끝난 게 아닙니다. 어사가 성문을 부수고 들이닥치자 수령이던 신붕년이 도망가 버린 것입니다. 이 보고를 받고 머리 끝까지 화가 난 왕은 명령합니다. "이것은 국법을 두려워하지 않은 것이다. 의금부와 관찰사에게 여러 방법을 동원해서 반드시 잡게 하라." 그런데도 그를 잡지 못했는지 왕은 검거할 방법까지 구체적으로 지시합니다. "서울에도 그의 친척이 있을 것이니 의금부가 관리를 많이 거느리고 가서 찾아서 잡게 하고, 주변에 살던 가까운 이웃도 가두어 나타나기를 독촉하도록 하라.” 이렇게 많은 노력을 했는데도, 어디로 도망쳤는지 끝내 붙잡는 데 실패했습니다. 그가 사라진 지 5년이 지난 1530년(조선 중종 25년) 4월에 왕은 신붕년을 또 언급합니다. “신붕년은 중한 죄가 아니었는데도 지금까지 나타나지 않고 또 체포한 사람도 없다.”

심지어 암행어사가 책임을 저버리고 사랑에 빠진 여성과 함께 도피한 일도 있었습니다.

1774년(조선 영조 50년) 12월 사간원에서 도망간 어사에 대해 보고합니다. “제주도 어사 홍상성이 길에서 눈이 맞은 기생을 데리고 함께 제주 가는 배를 탔습니다. 어사란 신분이 남달라서 그 행동을 스스로 조심하여 더욱 엄격하고 삼가야 할 것인데, 이런 일을 일찍이 들어보지 못했습니다.” 왕은 어사 신분을 박탈하고 귀양을 보내라는 명령을 내렸습니다. 그런데 한 달이 훌쩍 지나도록 귀양 가지 않고 여전히 제주에 머물러 있다는 보고가 왔습니다. 다음 해 2월 사간원에서 다시 보고합니다. “소식을 들어보니 홍상성이 아직도 편안히 기생을 데리고 스스로 보통 사람과 같이 행동하고 있다고 합니다. 방자하고 거리낌 없음이 이보다 더할 수 없습니다.” 화가 난 왕은 신속하게 그를 잡아 오라고 다시 명령했습니다. 결국 홍상성은 붙잡혀 와서 유배를 가게 되었습니다. 그런데 그는 무슨 사유에서인지 불과 두 달 만에 석방되어 복직되었다고 합니다.

가짜 암행어사

당시에는 어사를 확인할 수 있는 정보가 제한적이다 보니 가짜 암행어사가 출현한 적도 꽤 있습니다. 가짜 어사가 진짜로 행세하여 지방 관료를 우롱한 것입니다. 어떤 때에는 진짜 어사가 가짜 어사로 오해받는 경우까지 있었습니다.

먼저 가짜가 진짜 암행어사로 행세한 사례입니다. 1712년(조선 숙종 38년) 7월 암행어사라고 속인 이천재를 붙잡았습니다. "이천재는 용천 부사 이징서에게 '나는 과거에 합격한 이헌영이다. 암행어사로 특별히 활동하도록 임명되었다.'라고 말하였습니다. 이징서는 그 말을 믿고 어사로 대접하고, 관청 말까지 빌려 주었습니다. 그러자 이천재는 다른 지역에 가서 어사 행세를 하고 관인까지 빼앗는 소란을 피웠습니다." 결국 이천재는 의금부까지 끌려와서 조사를 받게 되었는데, 그때마저도 거짓말을 했습니다. 오히려 이징서가 자신을 꼬드겼다고 주장한 것입니다. "이징서가 저에게 '어사라고 사칭해서 고을들을 순찰해서 돈과 곡식을 얻어내고 나중에 군사를 일으켜서 나는 병조판서가 되고 자네는 훈련대장이 된다면 어찌 좋지 않겠는가.'라고 유혹했습니다." 그러나 결국 모든 거짓이 밝혀져서 이천재는 극형에 처해지고, 이징서도 유배에 보내졌습니다. 이름처럼 거짓말하는 능력도 뛰어났던 것 같습니다.

비슷한 일은 또 있었습니다. 1585년(조선 선조 18년) 4월 전라도 암행어사 황혁이 나주에서 김국보가 우두머리인 도적 무리를 붙잡아 조사 결과를 보고합니다. "김국보 무리를 잡아 가두었는데, 이들은 암행어사 이름을 사칭하면서 관아를 협박하고 속여 갇힌 동료들을 탈출시키려는 계획을 세우고 있었습니다." 도적 무리들이 동료를 구출하기 위해 가짜 암행어사로 위장하려고 했던 것입니다.

　가난한 백성들이 어사를 사칭한 경우는 꽤 많았습니다. 1772년(조선 영조 48년) 12월 영남 지역의 가난한 백성이던 장익표는 이웃 마을에서 걸식하다가 울산에 이르러 어사를 사칭하고 관청에 들어가 위협하여 공갈한 죄를 저질렀습니다. 울산 부사가 진짜가 아님을 알고서 옥에다 가두고 보고한 것이었습니다. 대사헌이 법 규정을 들어 사형시키도록 요청하였으나, 왕은 용서할 만하다고 여겨 사형을 면하도록 하고 장익표를 섬으로 귀양 보내라고 명령하였습니다.

　가짜 암행어사로 인한 피해가 계속 발생하자, 1793년(조선 정조 17년) 7월에는 왕이 가짜 암행어사를 체포하라고 직접 명령을 내리기도 합니다. "전라도와 경상도에서 가짜 암행어사가 행세하는 일이 많다고 한다. 그것이 하찮은 일인 것 같으나 조정이 존엄을 잃는 이유가 된다. 이런 말을 듣고도 엄격히 막지 않으면 폐단이 클 것이다. 각 도에 명령하여 의심스러운 사람이 있으면 관아에 보고하여 즉각 가짜로 행세한 죄로 처단하도록 하라."

　그러나 나라가 혼란해지고 백성들의 살림살이가 어려워지자 암행어사로 행세하는 가짜들은 좀처럼 사라지지 않았습니다. 그들이 주로 사용한 방법은 마패를 위조하는 것이었습니다. 1866년(조선 고종 3년) 7월과 이듬해 4월에도 어사를 사칭하고 마패를 위조한 자를 붙잡아 사람들에게 경각심을 주기 위해 극형에 처했다고 하는 기록이 나옵니다.

설령 가짜 암행어사가 나타나더라도 진짜인지를 확인하기 어렵다 보니 낯선 선비만 나타나도 화들짝 놀라는 일이 있기도 했습니다. 1519년(조선 중종 14년) 10월 예천에 어떤 사람이 말을 타고 나타나 관리들을 모아놓고 사람 숫자가 맞는지 점검하고 하인들에게 관아의 폐단을 묻는 일이 발생했습니다. 그러자 온 고을에서는 어사가 나타났다고 생각하여 당황하고 갈팡질팡했습니다. 그런데 나중에 그 사람에게 물으니 의정부에서 약재를 구하러 온 서리에 불과했다고 합니다.

심지어 암행어사끼리 서로를 가짜라고 오인하는 일도 있었습니다. 1793년(조선 정조 17년) 5월 호서지역 어사 이조원이 가짜로 오인받은 사건을 보고합니다. "신창에 이르렀을 때, 어떤 사람이 제 행색을 엿보고 빠른 걸음으로 뒤를 밟는다는 것을 알았습니다. 마음이 몹시 놀라고 의심스러워 온양에서 출도한 후에도 그들의 동정을 살폈습니다. 그런데 조금 뒤에 건장한 장교와 사나운 졸개 10명이 온양을 찾아왔습니다. 그들에게 찾아온 이유를 물으니, 제 행색을 보고 가짜 어사이니 속히 잡아오도록 지시를 받았다고 합니다. 그래서 가짜 어사가 아니라고 부인하였으나 계속 저를 감시하면서 체포하려고 했습니다. 바로 그 자리에서 어사 신분을 밝히고 그들을 체포하였습니다."

그런데 황당한 상황은 계속됩니다. "그런데 다음 날 아산 지역의 아전과 장교들이 온양에 들이닥쳐 '아산에 출도한 어사가 온양에 출도한 가짜 어사를 붙잡아 오라고 했다.'라고 말했습니다. 결국 아산에 출도한 어사를 직접 만나서 따져볼 필요가 있어 암행어사의 위엄을 갖추고 아산으로 급히 갔습니다. 마침 저쪽의 어사도 이쪽으로 오던 중이었습니다. 서로 얼굴을 보니 함께 암행어사로 임명된 사람이었습니다. 제가 명령이 너무 경솔했다고 그를 나무랐더니 '혼자 이곳을 모두 담당한 것으로 알아서 출도한 사람이 가짜일 것이라고 잘못 의심했다.'라고 변명했습니다."

힘없는 암행어사

왕의 대리인이긴 했지만, 암행어사는 막강한 권력 앞에는 한낱 미약한 개인에 불과했습니다. 특히 조선 후기 세도 가문이 국가 권력을 지배하게 되자 그런 일은 더욱 노골적으로 발생했습니다. 다음은 힘없는 암행어사의 어려움을 잘 보여주는 사건입니다.

1808년(조선 순조 8년) 9월 평안도 암행어사 서능보는 전현직 수령 8명의 잘못을 논하면서, 특히 세도 가문 출신의 권력자였던 평안도 감사 조득영의 악행을 강하게 비판합니다. "조득영은 2년 동안 평안도 감사로 있으면서 온갖 악행을 모두 모아서 재화를 부정한 방법으로 얻고 온종일 행하는 바가 백성을 가혹하게 다루어 사람을 해치지 않은 것이 없었습니다. 법에서 매질은 30대를 넘지 못하도록 하고 있는데도 조금이나마 본인 심기에 거슬리면 반드시 50~60대에 이르렀습니다. 주리는 도적에게만 틀게 되어 있는데도, 매번 화가 날 때마다 번번히 평범한 백성들까지 주리를 가했으니 죄없이 하늘에 울부짖어 호소하는 소리를 차마 들을 수 없었습니다. 또한 다양한 방법으로 재물을 가지고 돈놀이를 하고 높은 이자는 모두 본인이 가져가니 백성들 가운데 침을 뱉어 욕하지 않은 사람이 없었습니다. 그리고 각 고을에 조금이라도 재산이 있는 자는 체포해서 옥에 가두고 돈을 주면 풀어주었는데, 미처 1년이 안 되어 거두어들인 돈이 3만 냥에 이르렀다고 합니다. 이렇게 날마다 죄 없는 사람을 매질하고 주리를 트니 사람들은 '포정문 밖에 시신을 짊어진 사람이 줄을 섰네'라고 노래를 부르고 다녔다고 합니다."

이처럼 조득영의 비리가 구체적으로 언급되자 비변사에서는 평안도 감사 조득영을 조사해 처벌할 것을 요구하였습니다.

그런데 옥에 갇혀 조사를 받던 조득영은 본인의 어머니에게 억울함을 호소해 달라고 부탁합니다. 그러자 호소를 들은 왕은 서능보를 불러 사실 여부를 다시 물어보라고 지시합니다. 이번에 서능보는 조득영에게 핍박받은 사람들의 이름을 일일이 언급하면서 자세한 증거를 제시했습니다. 또한 조득영이 얼음 놀이를 하다가 물에 빠졌었는데 죽지 않고 건져 내자, 백성들이 '대동강의 귀신도 더러움을 받아들이지 않는다.'라고 얘기했다는 일화까지 언급했습니다. 그리고 조득영의 어머니가 억울함을 호소한 것도 조득영이 자신의 어머니를 협박했기 때문이라고 말했습니다.

그러나 여기서 사건은 이상한 방향으로 흘러가기 시작합니다. 왕이 서능보의 말실수를 문제로 삼은 것입니다. "어사가 말한 것 중 '그 어미를 위협하였다(脅勒其母)'라고 한 것은 크게 놀랍고도 가증스러운 말이다. 설사 아들이 정말 죄가 있다고 하더라도 어미가 변명하고자 하는 것은 도리이자 당연한 것이다. 어떻게 감히 실체가 없는 일을 억측하여 차마 할 수 없는 말을 하는 것인가? 조득영이 죄가 있고 없는 것은 우선 내버려 두고 서능보는 빨리 파직하라." 서능보의 말실수를 심각한 윤리적인 문제로 끌고 가서 도리어 곤란한 처지에 빠지게 된 것입니다.

이후 그해 12월 조득영은 범죄 혐의가 일부 인정되어 유배를 가게 되었습니다. 그러나 불과 1년여 만에 형조판서로 화려하게 복귀하였고, 얼마 후 사헌부 수장인 대사헌까지 지내게 됩니다.

다행히 서능보도 1년여 후에 다시 복직되었습니다. 그러나 세도 가문과 맞서 싸우다가 파직까지 당하는 어려움을 겪은 서능보의 사례는 조직적인 지원이 없는 상황에서 암행어사 개인의 고난과 역경을 보여줍니다.

한계와 쇠퇴

암행어사 제도는 약 350년간 운영하였습니다. 이 제도가 이렇게 오랫동안 지속될 수 있었던 이유는 신분을 노출하지 않은 채 숙소와 식사까지도 스스로 해결하여 가장 적은 경비와 인력으로 임무를 수행할 뿐만 아니라, 지방 수령들이 항상 긴장하고 조심할 수 있도록 하는 효과가 있었기 때문입니다.

조선 후기 실학자 이익은 『성호사설』에서 암행어사 제도의 효용성에 대해 이렇게 이야기합니다. "비록 관찰사와 도사의 순찰이 있기는 하나, 큰 길에서 큰소리로 외쳐 마을을 번거롭게 할 뿐이다. 관리의 횡포와 백성의 억울함을 살필 길이 없으며, 수령이 세금을 마구 걷어들인 것이 있다 하더라도 신분 낮은 백성들이 감히 이를 제대로 고발할 자가 있겠는가? 중앙에서 거듭 타이르고 경계한 것은 형식으로 돌아갈 뿐, 백성을 해치는 묵은 폐단은 제대로 제거되지 않는다. 그러나 암행어사가 돌아다닌다는 소문을 들으면 큰 고을 작은 고을 할 것 없이 모두 두려워서 벌벌 떨고, 부패한 무리들도 모두 숨기에 여념이 없다. 비록 탐욕스럽고 교활한 관리라고 하더라도 별 수 없다. 한 시대를 진작시키는 것은 암행어사 만한 것이 없다."

정약용도 그의 책 『목민심서』에서 관찰사의 잘못된 조사 행태에 대해 강력히 비판했습니다. "감사(관찰사)가 지방 수령을 조사할 때에는 죽음을 두려워하지 않고 헌신할 수 있는 사람을 써서 남몰래 촌락을 다니게 해야 백성들의 숨은 고통을 알 수 있고 수령의 잘못도 알 수가 있다. 그런데 요즈음 관아의 관리들을 심복으로 보아 염탐할 때 모두 이들을 보내는데 이들이 본래 각 고을의 간교한 아전들과 서로 내통하고 결탁하여 안팎으로 얽혀 있는 줄을 모른다. 매번 감사가 올 때가 되면 이들이 앞서 기별을 보내고 각 고을의 일을 담당한 아전도 이에 맞춰 화사하게 꾸민 방에 꽃자리를 깔고 방석과 책상을 산뜻하게 정돈해 놓고 살찐 쇠고기와 연한 돼지 등살, 구운 자라 고기와 잉어회 등 갖가지 귀한 음식들을 차리고 휘황하게 촛불을 켜 놓고 감사가 오기를 기다린다."

그러나 암행어사의 조사 방법이나 활동 지원은 체계화되지 못하였고 개인 능력에 지나치게 의존하여 한계점을 드러낸 것이 사실입니다. 교통과 치안이 모두 나쁜 시대에 조직적인 지원 없이 어사 개인이 모든 것을 책임지도록 한 것입니다. 게다가 비밀 유지 때문에 갑자기 임명하여 출발하게 하였으므로 암행 기법이나 전문지식을 갖출 수 있는 시간조차 없었습니다. 그러다 보니 때로는 자격에 미달하는 사람이 임명되기도 하고 임무를 제대로 이해하지도 못하여 핵심을 벗어나는 조사를 하는 경우도 발생했습니다. 또한 암행어사는 임시 기관에 불과했습니다. 몇 개월 동안의 임무를 마친 뒤에는 본래의 자기 직책으로 돌아가야 했기 때문에 적발된 문제점에 대한 사후 관리를 할 수가 없었습니다.

그리고 무엇보다도 암행어사가 현장에서 확인한 문제점에 대한 제도 개선을 건의하였지만 중앙에서 묵살되는 경우가 가장 큰 문제였습니다. 특히 조선 후기가 되자 전정(농토에 매기는 세금), 군정(군 복무 관련 세금), 환정(정부가 빌려준 곡식을 갚을 때 붙는 이자)의 삼정(三政)이 대단히 문란하고 불법이 만연하였습니다. 여러 암행어사가 이 문제점을 보고하였으나 정부의 정책에는 전혀 반영되지 않았습니다.

특히 중앙 관료들은 제도 개선보다는 책임 떠넘기기에 급급하였기 때문에 암행어사들로 하여금 부패한 지방 관리를 찾아 처벌하는 것이 가장 중요한 임무라고 생각하는 경향이 강했습니다. 세도 정치가 극으로 치달았던 1862년(조선 철종 14년) 1월 영의정 정원용의 보고를 보면 이런 왜곡된 시선이 잘 나타납니다. "지금 전국의 백성들이 다 같이 어려움에 휘말려 편안하게 거처하지 못하고 있습니다. 이것이 누구의 잘못입니까? 당연히 탐욕스러운 관리를 먼저 뿌리 뽑아야 합니다. 먼저 각 도 가운데 사무가 많거나 큰 고을에 암행어사를 지체없이 보내어 염탐하게 하십시오. 그리하여 1년 내내 돌아가며 두루 다니면서 뇌물죄를 범한 자는 모두 먼 곳에 유배 보내시기 바랍니다."

삼정의 문란은 결국 잘못된 제도와 중앙 정치의 부패에서 비롯된 것입니다. 그런데도 조세, 물자출납, 회계와 같은 제도는 개선하지 않고 부정비리 문제의 원인을 특정 지역이나 하급 관리에서 찾음으로써 근본적인 해결책 마련은 불가능한 실정이었습니다.

1795년(조선 정조 19년) 5월 호남 암행어사 정만석은 삼정(전정, 군정, 환정)의 문제점 26가지를 자세히 기록하여 보고하였는데, 비변사에서는 사소하거나 지엽적인 것만 고치고 나머지는 방치하였습니다. 얼마 후 왕이 다시 검토하여 개선하라고 다시 지시했습니다. 그러자 비변사는 오히려 암행어사가 사소한 문제를 너무 많이 지적하였다고 하면서 도리어 그를 처벌할 것을 건의하였습니다. "어사가 제기한 것이 매우 자세하기는 합니다만 간혹 자질구레한 사안도 많아 온당치가 못합니다. 어사 정만석을 조사하여 처벌하도록 하십시오." 그 결과 제도 개선 없이 보고는 흐지부지되고 말았습니다.

이제 갓 벼슬길에 들어선 젊은 어사가 중앙의 힘 있는 세력과 친밀한 지방 수령을 적발하기는 어려웠을 것입니다. 그러다 보니 힘없는 수령만 처벌받고 힘센 가문 출신의 수령들은 피해가기 일쑤였습니다. 중앙의 고위 관리들은 암행어사의 활동을 노골적으로 방해하기도 했습니다. 1692년(조선 숙종 18년) 2월 전라도 암행어사로 갔던 이인엽이 대사간(사간원의 수장, 정3품) 이현기의 전라도 관찰사 시절 비리를 지적하려고 했습니다. 그러자 이현기는 도리어 암행어사 이인엽이 민간인과 개인적으로 연락하여 행적이 드러나게 활동하였으며, 비밀 활동 내용을 여러 고을에 알려주었다고 그를 공격하였습니다. 이후 3월에도 이인엽이 작성한 서계와 별단에 사실과 다른 내용이 있다고 또다시 문제를 삼았고, 결국 왕은 이인엽을 잡아 조사하라고 명령하게 되었습니다.

더욱이 조선 후기로 접어들면서 암행어사가 지방 수령의 비리를 적발했다고 해도 같은 당파에 속한 경우에는 사건을 축소하거나 외면하려고 압력을 가했습니다. 설령 암행어사가 명백한 증거를 확보했다고 해도, 지방 수령이 중앙의 세도 세력과 줄을 대고 있는 경우에는 속수무책이었습니다. 집단 부패의 고리가 강하게 형성되어 있었기 때문에 암행어사는 본인의 안전을 위협받을 수 있어서 쉽게 비리에 접근하기 어려웠던 것입니다. 설령 암행어사가 힘들게 비리를 적발하더라도 구조적으로 부패한 체제 내에서는 해결할 수 없는 문제였습니다. 1822년(조선 순조 22년) 12월 불과 4개월 전에 암행어사 박래겸에게 잘못을 지적받아 징계받았던 안주 목사 서준보를 다시 임명하면서 왕은 그 이유를 이렇게 변명하기에 이릅니다. "지난 번 서준보의 징계 처분은 어사의 서계에 거론되었기 때문이지, 참으로 죄가 있어서 법을 적용한 것은 아니다. 죄를 깨끗이 씻어 주고 임명하라."

　『성호사설』에서도 이러한 깊은 부패의 고리에 대해서는 강하게 비판하고 있습니다. "요즘 각 고을의 수령들은 백성의 재물을 닥치는 대로 모아 개인의 창고에 가득 쌓아 두고 있다. 거기서 나온 재물은 조정까지 흘러든다. 간혹 암행어사나 감사에게 잘못이 발각되는 수령이 있기는 하다. 하지만 그 수령은 혼자 죄를 뒤집어쓰는 것으로 끝나고, 연루된 당파 사람들은 미꾸라지처럼 빠져나간다. 이와 같은 폐해 속에 임금이 어찌 어진 자를 구할 수 있겠는가?"

결국 암행어사 제도가 끝나가던 시절에는 국왕마저도 제도의 실효성에 대해서 의심하기에 이르렀습니다. 1892년(조선 고종 29년) 6월 우의정 조병세가 지방 관리들이 공무를 빙자하여 탐욕스러운 행태를 보이고 있는데도 암행어사의 조사가 공정하지 못하다고 비판하자, 왕은 그 말에 동의합니다. "탐욕스러운 행태는 나라를 좀먹는 화근이 되어서 늘 바로잡으려 하지만, 그렇게 하지 못하고 있다. 암행어사의 문제는 개탄스러운 일이다." 마지막 암행어사가 파견되기 불과 4년 전의 일입니다.

그들이 진실로 옳다면
무엇 때문에 저를 어사로 보냈습니까

조선의 위대한 학자 정약용(1762~1836)은 1794년(조선 정조 18년) 11월 경기도 북부 지역 암행어사로 파견된 적이 있습니다. 초겨울에 떠난 그의 암행어사 길은 다른 암행어사들처럼 추위와 배고픔에 험난했습니다. "초겨울에 내가 왕명을 받들어 암행어사가 되어 나갈 때였다. 장현 지역에서부터 걸어서 북쪽으로 가는데, 험한 산을 넘고 시내를 건너 한낮이 지나도록 계속 걸었으나, 겨우 40리를 갔다. 발은 부르트고 가슴은 숨이 차서 헐떡거렸다. 매우 피곤하고 배도 많이 고팠다."(『다산시문집』)

당시 전국에 흉년이 들어 백성들의 생활은 궁핍했습니다. 정조는 암행어사 10명을 파견하여 백성들의 어려움을 알아보고, 지방 수령들의 비리를 적발하도록 지시했습니다. 그때까지 정약용은 중앙 관리 활동만을 하였기 때문에 처음으로 백성들의 삶을 가까이서 볼 수 있는 기회였습니다. 그는 첫 임무지 마을에서 본 백성들의 참혹한 모습을 시로 지었습니다.

시냇가 찌그러진 집은 사기그릇과 흡사한데
북풍에 이엉은 밀려 서까래만 앙상하구나.
묵은 재에 눈이 덮여 아궁이는 차기만 하고
무너진 벽에서는 별빛이 비쳐드네.
집 안에 물건이란 쓸쓸하기 짝이 없어
모조리 다 팔아도 칠팔 푼이 안 되네.

놋수저는 예전에 관리에게 빼앗겼고,
무쇠솥은 이번에 이웃 부자에게 빼앗겼네.

아이의 뚫린 저고리에 어깨와 팔꿈치 모두 드러나 있고
태어나서 바지와 양말 한 번 입어본 적 없네.
큰 아이 다섯 살에 기병으로 등록되고
작은 아이 세 살에 군적에 올라 있네.
두 아이 세금으로 돈 500전을 물고 나니
빨리 죽기만 바랄 뿐 옷 따위가 무슨 소용이랴.

암행어사로서의 활동은 정약용의 애민 사상 형성에 큰 계기가 된 것으로 알려져 있습니다. 그가 남긴 여러 글에는 암행어사의 경험에 기반한 것이 많습니다. 특히 토지와 과세 제도의 개혁 원리를 담은 책 『경세유표』에는 암행어사로서의 경험에서 나오는 구체적인 세금 제도 개혁 방안이 나옵니다. "오직 사람이 드문 마을에는 세금이 원래 높으니 백성이 흩어져서 다른 곳으로 가는 것이다. 이는 마치 물과 풀을 따라 옮겨 다녀 일정한 거처가 없는 것과 같으니, 어찌 토지의 넓고 좁음에 따라서 그 세금을 묶어두겠는가? 땅이 부족한 것이 아니고 사람의 힘이 넉넉하지 못한 것이니, 이와 같은 곳은 농부의 많고 적음에 따라 세금을 정하는 것이 마땅하다. 내가 일찍이 암행어사로서 경기 북부 지방을 다니면서 철원과 연천 지역을 보니 그곳에서도 그러했다. 이로 말미암아 본다면 산이 깊고 땅이 넓은 곳은 모두 농부의 많고 적음에 따라 그 세율이 정함이 마땅하다."

암행어사 정약용은 당시 정권 실세들과 연관된 수령들의 비리를 적발하여 고발했습니다. "전 연천 현감 김양직은 비축한 양곡을 마음대로 나누어주고 논밭을 도둑질했으니 죄를 조사해야 하겠습니다. 전 삭녕 군수 강명길은 화전에 지나치게 세금을 물리고 지방 관리들에게 뇌물을 받았으니 죄를 주어야 합니다."

그러나 이들의 처벌이 지지부진하게 되자 다시 강력히 처벌을 요청합니다. "그들이 진실로 옳다면 무엇 때문에 저를 어사로 보냈습니까. 잘못이 이미 드러나서 어사의 보고서에 올랐는데도 아무 처벌도 받지 않는다면, 앞으로 날개를 펴고 꼬리를 치며 다시는 자중하지 않을 것입니다. 법의 적용은 마땅히 임금의 가까운 신하로부터 시작해야 합니다. 이 둘에게 속히 법률에 따라 형벌을 내리게 해야 합니다." 결국 정약용의 뜻대로 처벌이 이루어졌습니다.

또 실세였던 경기도 관찰사 서용보의 잘못도 밝혀냈습니다. 서용보의 친척이 꾀를 부려서 향교 터를 서용보에게 묘 자리로 바치기 위해 고을의 선비들을 속이고 협박하여 향교를 옮기게 된 일을 적발한 것입니다. 정약용은 곧바로 서용보의 친척을 체포하여 처벌하였고, 이로 인해 서용보와는 불편한 관계가 될 수밖에 없었습니다. 이후 서용보는 대사헌 등 고위 관직을 지냈고, 재상 때는 신유박해(1801년 천주교도 박해 사건)를 주도하면서 정약용을 탄핵하여 멀리 유배를 보냈습니다. 결국 과거의 앙금을 보복한 것이라는 평가를 받습니다. 이때가 18년 동안이나 계속된 긴 유배 생활의 시작이었습니다.

내가 그대를 잘 아니 이전과 같이 잘하라

조선 시대 문과를 급제한 사람은 1만 5천여 명이라고 합니다. 그렇다면 이 중 최연소 급제자는 누구일까요? 만 14살이던 1866년(조선 고종 3년)에 합격한 명문장가 이건창(1852~1898)이라고 합니다. 이건창은 너무 어린 나이에 합격하는 바람에 실제 벼슬은 4년 후인 18살 때부터 시작했습니다.

강화도에서 태어나 자란 이건창은 할아버지 이시원의 영향을 많이 받았습니다. 이조판서까지 지낸 할아버지 이시원은 1866년 프랑스가 강화도를 침범한 병인양요 때 피난 가기를 거부하고 외국 군대에 의해 함락된 억울함을 참지 못해 자결했습니다. "나라가 어려움에 빠졌을 때 누군가는 책임을 져야 하지 않겠는가. 내비록 오갈 곳 없는 늙은이지만 한때 나라의 녹을 먹었던 사람으로서 후세 사람들이 부끄럽지 않게 해야 하지는 않겠는가."

이시원의 꼿꼿한 성품에 대해서는 조선 말기 지식인 황현이 쓴 책 『매천야록』에도 나옵니다. "이시원은 성품이 매우 강직하여 사람들과 화목하게 지내지 못한 일이 많았지만, 관리로서의 재능이 뛰어났다. 그가 춘천 군수로 부임하였을 때는 권력자이던 조병구가 관내에서 장례를 치른 일이 있었다. 많은 사람들이 뒤질세라 몰려갔으나 이시원은 그곳을 가지 않아 얼마 후 파면되었다. 그가 경기도 암행어사로 있을 때 서계를 올려 탄핵한 사람들은 참판 이상이 8명이며 그 이하가 10명이나 되었고, 또한 풍채도 늠름하였다."

할아버지처럼 꼿꼿하고 강직한 성품을 가진 이건창은 부정과 비리를 절대 용납하지 않았습니다. 26살의 젊은 나이에 충청도 암행어사로 파견되었을 때입니다. 당시는 혼란스러웠던 조선 말기였습니다. 오랜 세도 정치의 폐단으로 부정부패가 만연하던 시절입니다. 이건창은 탐관오리를 적발하고 죄를 추궁하면서 이런 글을 남겼습니다. "피맺히는 고통을 모르고 돈 먹는 달콤함만 말하다니 너희들도 사람이거늘 살가죽이 어찌 견디랴."

1878년(조선 고종 15년) 4월 세도 가문과 가까웠던 충청도 감사 조병식의 비리를 적발하였을 때는 개인적인 원한에 의한 것이었다고 오히려 공격을 받기도 했습니다. 결국 이건창은 모함에 따라 유배를 가게 되었습니다. 이때 이건창의 암행어사 활약상에 대해서는 『매천야록』에 기록되어 있습니다. "가을에 암행어사를 파견하였는데, 그 중 충청도의 이건창이 가장 명성을 떨쳤다. 그때 충청도 감사 조병식은 착취를 한다는 소문이 자자하므로 이건창이 조사하여 임금께 보고하였다. 그러나 그 일로 유배되었고 강직하다는 명성이 세상에 널리 알려졌다."

얼마 후 임금은 관직을 거부하던 이건창에서 편지를 직접 보내 다시 관직에 불렀습니다. "내가 그대를 잘 아니 이전과 같이 잘하라." 이후 29살 때 경기도 암행어사로 파견되어 굶주린 백성들을 구제하고 세금을 감면하는 것과 같은 실적을 올리기도 했습니다. 이때 세금을 감면해 주어 백성들로부터 인심을 얻게 되면서 이건창의 선정비가 곳곳에 세워졌다고 합니다.

고종은 지방 수령을 새롭게 파견할 때 부정부패를 경계하도록 하면서 이렇게 말했다고 합니다. "만약 그대가 가서 잘못한다는 소리가 들리면 바로 이건창이 가게 될 것이다." 강직하고 당당한 이건창의 업무 태도와 능력을 인정한 것입니다.

충청도 암행어사로 나갔다가 농민들의 참상과 관리들의 행패를 보고 남긴 〈전가추석(田家秋夕)〉이란 시의 일부입니다.

남편은 굶주림을 참으며 작은 논에 모내기를 하다가
여름을 넘기지 못하고 굶어 죽었다.
남편이 심은 벼를 수확한 추석날
아내가 갓난 아기를 안고 죽은 남편을 향해 오열하다가
기절한 지 얼마 지나지 않아
갑자기 관리들이 사립문을 부수며
세금 내라고 소리 지른다.

이후 그는 여러 차례 관직 제안을 모두 거부하고 관직을 일찍 떠나 강화도에서 학문에 전념했으며, 47세의 비교적 젊은 나이에 세상을 떠났습니다.

뛰어난 문서 감별 역량을 보이다

조선 시대 활약한 암행어사는 아니지만, 훌륭한 감찰 역할을 한 사람으로 고려 시대의 김륜(1277~1348)을 들 수 있습니다. 김륜은 나쁜 사람을 찾아내고 일의 시시비비를 가려내는 데 정확하여 사람들이 감히 그를 속이지 못하였다고 알려져 있습니다.

그는 고려의 감사기관인 어사대에서 이름을 바꾼 감찰사에서 감찰시승(정3품)으로 활동한 것으로 기록되어 있는데, 특히 문서 감별에 뛰어난 역량을 보였다고 합니다.

김륜이 감찰시승으로 활동하기 전에 변정도감(노비의 신분 관계를 정리하는 관청)에서 근무할 때입니다. 어느 재상의 집에서 여자 하인의 자손 100명에 대한 소유권을 둘러싼 다툼이 있었습니다. 그는 문서를 살펴보고는 이렇게 결정을 합니다. "이것은 몇 년 전 재상이 아들들과 함께 만든 문서이다. 여자 하인의 아들과 손자의 나이를 비교해 보니 앞뒤가 서로 맞지 않은데다 여자 하인의 이름 한 글자를 약간 치우쳐 있으니 분명히 위조한 것이다. 재상의 아들들은 모두 후손이 있으므로 집집마다 문서를 한 벌씩 보관하고 있을 것이다. 그것을 가져와서 검토하면 되지 않겠는가?" 그러자 모든 사람들이 명쾌하고 정확한 판단에 놀랐다고 합니다.

감찰시승 때에는 두 사람이 자기 집에 속한 노비 소유에 대해 다투는 사건을 빈틈없게 처리했다고 합니다. 한 사람이 이렇게 주장했습니다. "이 문제는 벌써 예전에 어사대에 소송한 적이 있었습니다. 그때 허씨 성을 가진 어사대 책임자가 제대로 살펴서 정리해 준 적이 있습니다. 그런데 저 사람이 받은 노비는 죽어버려서 후손이 없지만 저희 집은 다행히 살아서 노비 숫자가 늘었습니다. 그런데 불이 나서 그 문서가 없어지자 저 사람은 재난이 닥친 것을 다행으로 여기고 제가 모두 함부로 차지했다고 거짓 주장을 하는 것입니다." 김륜이 가만히 날짜를 따져보고는 말했습니다. "허 씨는 분명 예전 어사대에서 근무했던 문경 공을 말하는 것이다." 관리를 시켜 당시 문서를 모두 살펴보았더니 그때 나누어 가진 노비 숫자가 정확하게 기록되어 있었습니다. 사건을 깔끔하게 정리하자 사람들은 그의 엄정함을 칭찬하였다고 합니다.

이후에도 어떤 내신이 원한을 품고 궁궐 문 앞에서 하급 관리를 직접 때리는 사건이 발생한 적이 있습니다. 그러자 김륜은 매우 준엄하게 내신에 대한 처벌을 요구했으며, 곁에서 본 폭행 사실을 제대로 말하지 않은 증인도 함께 처벌하도록 요구했다고 합니다. 그러나 왕의 총애를 받고 있던 그 내신이 오히려 김륜을 공격하였고, 결국 좌천되는 수모를 겪기도 했습니다.

제7장

신新 암행어사 일기

암행어사 일기

　암행어사의 활동을 기록한 자료로는『남정일기』,『남행일록』,
『해서암행일기』,『서수일기』,『수의기행』등 15종이 남아 있습니다.
　『남정일기』는 1635년(조선 인조 13년) 9월 조경이 전라도 암행
어사로 활동한 내용을 정리한 것이며,『남행일록』은 1671년(조선
현종 12년) 9월 영남 지역 암행어사였던 신정이 남긴 일기 자료입
니다.
　『해서암행일기』는 1696년(조선 숙종 23년) 3월 박만정이 황해도
암행어사로 활동한 내용을 상세히 기록한 것으로 보물 제574호
로 지정되기도 했습니다. 그리고『서수일기』는 1822년(조선 순조
22년) 3월 박래겸이 평안도 암행어사 활동을 기록한 것입니다. 마
지막으로『수의기행』은 1826년(조선 순조 26년) 3월 경기도 암행
어사였던 권복이 남긴 일기입니다.
　암행어사 일기를 바탕으로 해서 실제 암행어사의 활동을 한

번 재구성해 보았습니다. 활동은 4월 첫날 암행어사로 임명되는 것부터 시작해서 6월 초에 돌아와서 임무 결과를 보고하는 것으로 끝납니다.

> ● '수의(繡衣)'는 겉옷 밑에 남몰래 비단 옷을 갖추어 입는 존재라는 뜻으로 어사를 가리키는 말입니다. 조선왕조실록 등에서는 암행어사 대신에 '수의어사'라고 부른 기록이 많이 등장합니다. 따라서 암행어사 일기 제목에 쓰인 '수(繡)'는 곧 어사를 말하는 것입니다.

임명받다

4월 1일

아침 일찍 승정원의 심부름꾼이 집으로 명패를 가져왔다. 즉시 대궐에 도착하니 명패를 받은 다른 2명이 먼저 도착해서 기다리고 있었다. 한 곳에 같이 대기하고 있자 도승지가 임금에게 보고드렸고, 임금께서는 상피단자를 써서 제출하라고 하셨다.

잠시 뒤에 환관이 봉서를 갖고 오자 승지들이 모두 앉아 있는 가운데 임금께서 우리 3명에게 직접 봉서 하나씩을 나누어 주시면서 말씀하셨다.

"지방에 가서 잘했으면 좋겠다. 잘 다녀오너라."

봉서에는 '계(啓)' 자가 찍혀 있었고, 앞에는 각자의 직함과 이름이 적혀 있었다. 그리고 임금께서는 구급약을 하사하셨다. 호조에서는 광목, 쌀, 콩, 마른 건어물 등을 활동비로 주었고, 호조 판서는 5냥을 보내왔다.

바로 동대문 밖으로 나와서 각자 봉서를 뜯어 보았다. 봉서에는 우리를 각각 경상도, 전라도, 충청도 암행어사로 임명한다는 것과 암행할 고을 이름, 몰래 조사할 임무가 적혀 있었다. 그리고 사목, 마패, 유척을 하사한다는 내용도 있었다.

떠날 짐을 정리하기 위해 그곳에 잠시 머무르고 있었는데, 우리가 떠났는지를 확인하기 위해 액정서 하인들이 다가왔다. 곧 각자 갈 길로 흩어졌다.

마패에는 말 2마리가 그려져 있었다. 한 마리는 내가 직접 타고, 다른 한 마리에는 짐을 싣기로 했다. 집안 하인 등을 포함해 4명이 수행하기로 했다. 짐을 실을 말과 양식 등 물건이 오기를 한참을 기다린 후 오후가 되어서야 길을 떠났다.

---

*승정원 : 왕명을 전달하는 관청이며, 수장은 도승지.

*명패 : 임금의 명령으로 관료를 부를 때 쓰는 것으로 관료의 이름을 쓰여 있는 나무패. 패를 받고 올 뜻이 있으면 '진(進)', 올 뜻이 없으면 '부진(不進)'이라고 써서 다시 바쳤음.

*상피단자 : 친족 관계 등으로 같은 곳에서 벼슬하는 것을 피하기 위해 이름을 써 놓은 종이.

*봉서 : 암행어사에 임명되었음을 알리는 밀봉된 문서.

*사목 : 암행어사의 임무와 파견 지역이 적혀 있는 문서.

*액정서 : 궁궐 내의 시설물 관리 등을 담당하는 관청.

4월 2일

한밤 중에 잠에서 깨었다. 달빛이 창에 가득 차고, 닭이 울었다. 막중한 임무를 받아 먼 길을 떠나는 걱정에 편안히 누워 있을 수가 없었다.

4월 3일

타고 가는 말이 늙고 힘이 없어 몹시 느렸다. 역에 도착하자 밥을 먹고 숙박했다. 조금 좋은 말로 바꿔 타고는 다음 날 아침 일찍 서둘러서 출발하기로 했다.

＊역(驛) : 조선 시대에는 약 30리마다 말을 빌릴 수 있는 역이 있었으며, 어사뿐만 아니라 공무로 지방 출장을 가는 관원들도 마패를 발급받아 이용.

- 암행어사는 이름처럼 비밀 유지가 가장 중요했습니다. 그래서 임명할 때에는 출발하는 날 아침 일찍 궁궐로 불렀습니다. 그러나 때로는 10여 일 전에 어사 출발 준비를 하고 있으라는 명령을 받기도 하고, 집으로 관리를 직접 보내 임명하기도 했습니다.

- 암행어사가 지급받은 것은 봉서, 사목, 마패 하나, 유척 두 개였습니다. 임무가 끝나더라도 암행어사로 임명한다는 봉서와 맡은 역할을 기록한 사목은 반납하지 않았습니다. 왕이 직접 내린 문서인 만큼 집안 대대로 소중하게 간직했을 것입니다.

- 암행어사로 임명되면 가족과 작별인사도 하지 못하고 급히 떠

나야 했습니다. 그러나 기록에 따라서는 출발할 때 며칠간 공백이 발생하는 것도 있습니다. 사전준비를 하기 위해서 그랬다고 볼 수도 있고, 가족과 친구들이 베푸는 송별회를 마치고 떠난 것일 수도 있습니다.

● 말은 두 마리를 지급 받았습니다. 보통 한 마리는 어사가 직접 타고, 또 한 마리는 서리에게 주어 양식과 물품을 싣고 갔습니다.

길을 떠나다

4월 4일

새벽에 출발하여 부지런히 걸어갔다. 저녁 때가 되어서야 어느 작은 마을에서 도착했다. 마을 사람들이 낯선 사람들을 집에 들어오지 못하게 심하게 막았다. 몇 번을 거듭 부탁한 끝에 구차하게 잠자리를 구했다.

겨우 저녁밥을 얻어먹고 나자 밤이 이미 깊었다. 잠자리에서는 감기 때문에 기침을 자주 하자 주인집 할머니가 자다가 귀찮다는 듯 투덜대었다. 나는 아무런 대꾸도 못 하고 다시 잠을 청했다.

4월 5일

눈을 뜨니 날이 밝았다. 서리를 깨워 짐을 꾸리고 다음 행선지를 향해 길을 나섰다.

4월 6일

비가 와서 떠나지 못하고 하루종일 숙소에서 머물렀다.

4월 7일

어제 내린 많은 비로 길이 막혀서 떠나지 못했다. 서둘러 떠나고 싶은 마음에 답답함을 느꼈다. 맡겨진 임무는 많은데 걱정스러운 하루를 보냈다.

4월 8일

마을에 도착해서 하룻밤 지내기를 요청하자 사람들이 강하게 거절했다. 몇 번의 부탁과 거절 끝에 겨우 어느 집에 들어갔더니 주인이 나와서 말했다.

"우리 집에는 지금 마마(천연두)를 앓는 아이가 있어 손님을 맞이하기가 어렵습니다."

"잠시 쉬어가는데, 댁에 마마(천연두) 환자가 있다 하여 꺼릴 것이 있겠습니까?"

마루에 돗자리를 깔고 밥을 먹었다. 앞마을에 빈 기와집이 보여 주인에게 물어보았다.

"저 기와집은 왜 빈 채로 버려져 있습니까?"

"지난 달에 도적이 들어 겨우 목숨을 건졌는데 또다시 도적이 들어 피해를 입었습니다. 더 큰 해를 입을까 두려워 다른 마을로 피난을 갔습니다."

232

"주인께서는 도적이 두렵지 않으십니까."

"어차피 우리 집에는 가져갈 물건이 아무것도 없습니다. 그리고 우리들은 아이가 아파서 피난을 갈 수도 없습니다."

- 암행어사가 가장 어려움을 겪는 것은 숙소와 식사를 구하는 일입니다. 숙박 시설이 변변치 않던 시절이어서 여러 명이 같이 머무를 수 있는 장소를 구하는 건 만만찮은 일이었습니다. 잠과 먹을거리는 주로 주막이나 민가를 이용했고, 돈이 없으면 걸식과 노숙을 하기도 했습니다.

- 암행어사는 혼자 다니지 않았습니다. 정보 수집 활동 등을 위해 보통은 2~3명 정도의 인원이 같이 다녔고, 어떤 경우에는 10명 넘게 동행하기도 했습니다. 많은 사람들이 같이 다니면 금세 행적이 들통나기 때문에 몇 개의 무리로 나누어서 활동했습니다.

- 도로 사정이 나빴던 조선 시기에는 비가 많이 오게 되면 길을 나서지 못했습니다. 그래서 암행어사 일기에는 비가 와서 길을 떠나지 못했다는 얘기가 자주 나옵니다.

여비가 모자라다

4월 9일

점심 때쯤 주막에 도착해서 밥을 먹었다. 출발할 때 챙긴 돈이 벌써 다 떨어졌다. 아는 사람이 수령으로 있는 인근 지역에 잠시 쉬어가겠다는 내용의 편지를 보냈다. 서리가 부지런히 가서 편지를 전달했다. 저녁이 다 돼서야 인근 지역의 관아에 도착했다.

4월 10일

아침 식사 후 출발했다. 수령이 돈과 양식을 챙겨 주었고, 담배까지 줘서 기분이 좋았다.

4월 11일

저녁에 바닷가 마을에 도착했다. 하룻밤 쉬어가려고 하자 모두 거절할 뿐 아무도 받아 주지 않았다. 어느 한 집에 이르러 사정을 이야기했는데도 주인이 어렵다고 했다. 몇 번의 간청 끝에 겨우 허락했다.

주인과 함께 자면서 많은 소문을 들을 수 있었다. 작은 마을이라서 원래 낯선 사람들을 심하게 경계하는 데다가 올해는 흉년이 더 심해져 먹을 것이 없어 손님까지 대접하기 어려운 상황이라는 얘기를 들었다.

4월 12일

고개를 넘다가 길에서 젊은 행인을 만났다.

"자네는 어느 고을에 사는가? 지금은 어디로 가는 길인가?"

"저는 인근 마을 사람인데 품삯에 팔려 일하러 다른 마을에 가는 길입니다."

"올해처럼 흉년이 극심한 때에 이곳 수령 중 누가 구휼을 잘하는가? 또 업무를 처리하면서 시비가 많을텐데 그에 관해서 아는 것이 있으면 이야기해 주겠나? 나는 시골에서 자라서 수령들 때문에 백성들이 고통이 많다는 걸 잘 아네. 그 때문에 묻는 것이니 의심은 말게."

행인은 인근 수령들은 다 비슷비슷하다면서도 뭔가 의심하는 눈초리였다.

---

*구휼(救恤) : 흉년 등의 재난을 당한 백성을 국가에서 돈이나 쌀 등으로 구제하는 것.

4월 13일

오래 알고 지낸 친구가 수령으로 있는 마을을 찾았다. 내가 찾아왔다는 소식에 달려 나와서 서로 반갑게 인사했다. 그런데 나의 행색을 의아해하는 눈치다.

"자네는 이 먼 곳까지 어쩐 일인가?"

"친척을 만나러 먼 길을 가는데 양식이 떨어졌네. 먹을 것이 없으니 돈이나 조금 보태 주게."

"요구하는 대로 마련해 줄 테니 며칠 여기서 쉬다 가게."

"미안하네. 갈 길은 먼데 마음은 급해서, 한 곳에서 오래 머물 수가 없네. 돈이나 빨리 마련해 주시게."

"알겠네. 그런데 얼마 전에 암행어사가 파견되었다던데, 혹시...?"

나는 그저 웃을 뿐 아무런 대답을 하지 않았다.

> ● 암행어사에게 활동 여비를 지급하지 않은 경우도 있고, 설사 지급한다고 해도 많이 부족했습니다. 경비가 부족할 때에는 주변에 알고 지내던 수령이나 친구들에게서 도움을 얻거나, 집으로 편지를 보내 돈을 보내 달라고 요청하기도 했습니다.

변장하다

4월 14일

목적지 마을에 가까워지자 군복으로 변장했다. 길에서 선비를 만나 같이 동행했다. 군복을 입고 가는 것을 보더니 행선지를 물었다.

"차림새를 보니 사사로운 여행은 아닌 것 같군요. 어디 가시는 길입니까?"

"금군에 몸 담고 있습니다. 부산 지역으로 발령받아서 가는 길입니다."

---

*금군(禁軍) : 국왕을 경호하는 군대.

4월 15일

인근 마을에서 평상복으로 다시 갈아입고 주막에 들어갔다. 그런데 그곳에서 어제 길에서 만난 선비를 다시 만났다. 옷을 바꿔 입은 것을 보고는 뭔가 이상하다고 여겼는지 이유를 꼬치꼬치 캐물었다. 많이 당황스럽고 불편한 자리였다.

"군복을 입고 가시던 분이 옷이 바뀌다니 이게 어떻게 된 일입니까?"

"아... 피치 못할 일이 생겨서 그랬습니다."

"피치 못할 일이라니요?"

"계곡을 지나다가 말이 놀라 발을 헛딛는 바람에 물에 빠졌습니다. 그래서 어쩔 수 없이 옷을 바꿔 입었습니다."

"근처에 계곡이 있습니까? 저는 오는 길에 계곡을 보지 못했는데요."

"아... 그러시군요. 어쨌든 먼저 일어나보겠습니다."

임시방편으로 대답하고는 왔던 길로 다시 돌아가 한동안 숲 속에 숨어 있었다. 시간이 꽤 지난 후에야 다시 출발했다. 신분이 탄로가 난 것 같아 걱정스러웠다.

4월 16일

마을 정자에 여러 사람들이 쉬고 있었다. 마을 소식을 직접 들어보기로 했다. 광목을 보자기에 싸서 어깨에 걸고 다가가서 이런저런 이야기를 나눴다. 그런데 한 사내가 이 모습을 의아해 하였다.

"뉘신데, 우리한테 마을 이야기를 자꾸 묻는 게요?"

"저 멀리 귀양을 갔다가 돌아가는 길입니다. 이웃 마을 수령이 평소 아는 분인데 저를 불쌍하게 여겨 광목을 주면서 돌아가는 길에 양식이라도 마련하라고 하셔서 그걸 팔 수 있을까 싶어 돌 아다니고 있습니다."

고개를 갸우뚱거리는 것이 뭔가 의심스러워하는 모습이 역력했다. 말을 끊고 서둘러 자리를 옮겼다.

● 어릴 적부터 책을 읽고 공부만 한 선비들에게 변장하거나 숨는 것은 낯설고 어려운 일이었습니다. 그러나 임무 수행을 위해서는 때로는 군복을 입기도 하고, 때로는 걸인이 되기도 했습니다. 아무래도 어색하고 불편할 수밖에 없었을 것입니다.

의심을 받다

4월 17일

잠자리를 마련하기 위해 예전부터 알고 지내던 선비의 집을 찾아갔다. 매우 반가워하면서도 혹시 암행어사 임무 수행 길이 아닌가 의심하였다. 여러 가지 방법으로 아니라고 말을 했으나 그는 끝내 의혹을 거두지 않았다.

술을 마신 후에는 선비는 우리에게 앞으로의 일정을 묻고, 물어보지도 않은 그 고을 수령의 소행을 자세하게 말하였다.

4월 18일

마을에 들어가서 5~6곳의 집을 지나면서 둘러보고 고을의 폐단을 물었다. 저녁에 찾아간 집에서는 집주인이 우리 일행의 일거수일투족을 놓치지 않고 내내 훑어보고 있었다. 아무래도 행색을 의심하는 것 같아서 그와는 한마디도 말하지 않았다.

4월 19일

다음 지역으로 가는 길에서 어제 머물렀던 집주인이 뒤따라온다는 걸 눈치챘다. 갑자기 방향을 되돌려서 그를 붙잡아서 물었다.

"아침 일찍부터 어디를 그리 급하게 가시오?"

"먼 곳에 사는 친척을 만나러 가는 길입니다."

"남의 뒤를 밟을 때에는 추궁당할 때 빠져나갈 구실도 아울러 준비해둬야 하지 않겠소. 우리가 누구인 줄 알고 미행을 했소?"

한참 동안 식은 땀을 흘리며 핑계를 대던 집주인이 마침내 입을 열었다.

"사실은 인근 고을 수령이 행적을 뒤쫓으라 지시하기에…"

그는 죽을 죄를 졌다면서 땅바닥에 엎드려 빌기 시작했다.

"일이 끝날 때까지 감옥에 가두어 놓고 매를 때릴 수도 있다. 하지만 전날 신세를 진 것도 있고 해서 이쯤에서 눈감아 주겠다. 그러나 혹시라도 인근 고을에 어사가 나타났다는 소문이 돌게 된다면 그때는 모두 자네가 발설한 것으로 알 것이니 조심하라."

그는 연신 살려줘서 고맙다며 울면서 다시 왔던 길로 되돌아 갔다.

4월 20일

마을 소식을 들어보려 여러 집을 들러 보았다. 고을 수령이 어떤지 물어보니, 다들 칭송하는 말들이 자자하였다. 저녁에 머문 집의 주인은 처음에 나를 보더니 앉아서 일어나지도 않았는데, 밖에 잠깐 산책을 다녀오더니 갑자기 공손한 모습으로 바뀌었다. 분명 나를 의심하는 것 같았다.

4월 21일

마을 연못에서 한 사내가 낚시를 하고 있어 가까이 가서 말을 걸어 보았다. 그런데 그 사내가 뜬금없이 암행어사 이야기를 하여 많이 놀랐다.

"암행어사 행차가 어제오늘 있었다고 합니다. 남들이 말하는 걸 들으니 오늘 온 사람은 가짜인 것 같다고 하던데, 얘기를 좀 아시나요?"

"어느 간 큰 녀석이 감히 어사인 척한단 말이오?"

"요즘 인심이 사나운데, 못된 무리가 가짜로 다니면서 그런 일이 있지 않겠습니까?"

이 마을에도 가짜 암행어사가 다녀간 모양이다.

● 여행이 거의 없던 시절이라서 마을에 낯선 사람들이 나타나면 누구에게나 금방 눈에 띌 수밖에 없었습니다. 특히 작은 마을일수록 처음 보는 선비 일행이 나타나면 주민들은 혹시 암행어사가 아닌가 의심부터 했다고 합니다.

● 실제 가짜 암행어사도 꽤 있었다고 합니다. 가짜가 진짜로 행세하면서 지방 관리를 우롱하다가 혼난 사례가 여러 번 있었습니다.

어려움을 겪다

4월 22일

가져간 쌀이 다 떨어졌다. 받아온 광목을 팔려 하자 한 필 값이 얼마 되지 않았다. 이래서는 쌀이 얼마 남지 않게 된다. 양식을 구하고 싶어 마을 사람들에게 물었더니, 우리 상황이 급한 걸 알고는 곡물 값을 높이려 할 뿐이었다. 지나가는 마을 노인을 붙잡고 겨우 사정해서 큰 손해를 보지 않고 쌀과 바꾸었다.

4월 23일

하루종일 걷다 보니 갑자기 두통과 오한이 찾아왔다. 찬 바람에 시달리고 식사를 제대로 하지 못해 배가 고파서인 것 같았다. 점차 증세가 심해져서 걷기가 어려워서 급하게 어느 마을에 들어가 구급약을 어렵게 구해 먹었다. 그새 해가 기울어 날이 어두워졌다.

4월 24일

하루종일 숙소에 머물렀다. 저녁이 되자 몸 상태가 조금 나아졌다.

4월 25일

오후에 갑자기 소나기가 내렸다. 비를 피하려고 작은 마을에 급히 들어가니, 백발노인이 나와서 맞이했다.

"비를 맞은 뒤라 한기가 심합니다. 방 하나를 빌려 주시면 잠시 휴식을 취하고 돌아갈까 합니다."

"내 집엔 방이라고는 하나밖에 없습니다. 게다가 누추하기 짝이 없어 손님이 쉴 곳이 못 됩니다. 외람되더라도 쓰시겠다면 어찌 거절을 하겠습니까."

노인을 따라 방을 들어가 보니, 조그마한 창이 하나 있는 정말 작은 방이었다.

4월 26일

오후가 되니 금방이라도 비가 쏟아질 것 같고 바람도 세게 불었다. 추위를 견디기 어렵고 배마저 고팠다.

기와집이 많은 부자 동네에 도착했다. 급한 마음에 가까운 기와집 대문 안에 들어섰다.

"주인 계시오?"

문은 모두 닫혀 고요했다. 어떤 사람이 창문을 약간 열고 몸을 가린 채 우리를 엿보았다. 그러더니 잠시 후 건장한 청년 하나가 뛰어나오더니 크게 소리쳤다.

"어떤 양반인지는 모르겠소만, 어찌 인사도 없이 그 모양이오. 무엇 때문에 물어보지도 않고 안으로 곧장 들어온단 말이오?"

주먹을 불끈 쥐면서 화를 내기에 나는 억지로 웃으며 대답했다.

"무엇이 그리 노여울 게 있소? 한 나라 백성으로 일찍이 모르는 사이라도 한번 보고 나면 곧 아는 사이가 되는 법인데, 무슨 불평이 많아 화를 그리 내시오. 미리 물어보지 않은 잘못은 모두 내 책임이니 사과드리겠소."

청년의 화가 다소 누그러진 것으로 보여 공손하게 부탁했다.

"오늘은 추위가 심한 데다가 배도 고파서 더 걸을 수가 없소. 주인께서 우리에게 따뜻한 밥 한 공기 지어주면 고맙겠소."

그러나 주인은 우리를 거지 보는 것처럼 한참을 뚫어보더니 매몰차게 거절했다.

"나는 지금까지 나그네에게 밥을 지어준 일은 없소."

그 집에서 쫓겨 나오게 되니 서글픈 마음이 들었다.

- 암행어사는 몇 달간 지방을 떠돌아 다녀야하는 고생길이었습니다. 당시에는 교통수단도 변변치 않고 식사도 일정하지 않기 마련이었습니다. 낯선 사람을 경계하는 사람들의 차가운 시선도 견디기 어려웠을 것입니다.
- 매일매일 숙소 구하기, 열악한 숙소 상태, 입에 안 맞는 음식, 맹수의 출몰 위험 등은 암행어사 일행에게 많은 고통을 주었다고 합니다.
- 임무 수행 중에는 설령 부모님이 아프다는 연락이 와도 함부로 집으로 돌아갈 수 없었다고 합니다. 임금이 죽는 국상(國喪)이 발생해도 돌아오지 않고 계속 임무를 수행하도록 지시한 일도 있었습니다. 그들은 임무에 대한 사명감으로 어려움을 묵묵히 견뎌내야 했습니다.

신분이 들통나다

4월 27일

밤새 비가 그치지 않았다. 이번에도 머무는 숙소의 주인이 우리 행색을 알아차린 것 같아서 아침 일찍 출발하기로 했다. 그러자 주인이 눈치를 채고 쫓아와서는 죽 한 그릇이라도 먹고 가라고 붙잡았다. 갈 길이 바빠 지체할 수 없으니 가는 길을 막지 말아 달라며 애원하고, 간신히 그를 떼어놓고 길을 재촉했다.

4월 28일

지역 사정을 듣기 위해 어느 선비 집을 찾아갔다. 방을 내주긴 했지만, 그리 탐탁하지 않은 모양새다. 우리 일행을 냉대하더니 밤이 깊어진 후에 조용히 말을 걸어왔다.

"어찌 이 누추한 곳까지 오셨습니까?"

"이곳저곳을 떠도는 사람이 그런 걸 다 따질 수 있겠습니까. 방을 내주셔서 감사할 따름이죠."

"선비께서는 저를 모르지만, 저는 예전에 서울에 살 때 여러 번 봬서 어떤 분인지 잘 알고 있습니다."

갑작스러운 선비의 태도에 적잖이 당황스러웠다. 비밀을 누설하지 말아 달라는 부탁을 여러 번 하고, 피곤하다는 핑계를 대고 급하게 잠자리에 누웠다.

4월 29일

임무 수행지 가는 길에 있는 인근 마을에 들어가는 길로 향했는데, 성문을 닫아걸었다. 우리 일행이 혹시 성안으로 들어올까봐 두려워 이런 괴이한 일을 한 것이다. 고작 계책이란 게 속 좁은 것 같아서 저절로 헛웃음이 나올 뿐이었다. 별 수 없이 길을 바꿔서 인근 마을로 향했다.

4월 30일

거듭 부탁한 끝에 얻은 집에서 잠을 청하려고 하였다. 주인은 뭔가 의심이 풀리지 않는지 우리 일행을 유심히 바라보았다.

"선비께서는 어디 가는 길이십니까? 이 같은 흉년에도 딸린 말이 두 필이고, 인원이 4명이나 되며, 또 양식과 물은 어떻게 마련하셨습니까? 어떤 벼슬을 하십니까?"

"저는 젊어서부터 글을 배우지 못하였고, 몸이 약해 무예도 익히지 못하였습니다. 이 같은 몸으로 무슨 벼슬을 했겠습니까? 흉년에 제 한 몸 가눌 방법이 없어 부득이 이렇게 먼 길을 나섰습니다. 집안 친척이 멀리서 수령 벼슬을 하고 있는데, 그를 찾아가서 밥이라도 얻어먹을까 해서 의지하러 가는 길입니다."

"그 지방으로 가시려면서 왜 길을 멀리 돌아가십니까?"

"이 길이 먼 길이라는 것을 모르는 건 아니지만 여비를 얻기 위하여 친분이 있는 관리나 아는 고향 사람을 찾아다니느라 이렇게 먼 길을 돌아가는 것이지요."

"친분이 있는 관리나 아는 고향 사람이라면 어느 곳에 어느 사람입니까?"

계속 꼬치꼬치 물어보니 신분이 들통날 것 같아서 서둘러 자리를 피해서 밖으로 나왔다.

5월 1일

아침 식사 후에 열심히 말을 달려서 다음 고을에 도착했다. 성문에 다다랐는데, 수문장이 완강하게 막아서서 문을 열기를 거부했다. 심지어 우리 일행 중 하나를 결박하고서는 마구 구타하기 시작했다. 별 수 없이 마패를 빼서 보여줘 더 큰 봉변을 겨우 피할 수 있었다.

사람들이 더 모여들면 신분이 들통날 것 같아서 서둘러 그곳을 떠났다.

● 암행(暗行)이라는 이름과는 다르게 암행어사는 어느 정도 신분이 노출된 상태에서 임무를 수행했다고 합니다. 특히 중앙과 밀접하게 연락하고 지내는 지방 수령들은 암행어사 파견 정보를 사전에 잘 알고 있었습니다. 그들은 성문을 열어주지 않아 들어오지 못하게 막기도 하고, 다른 사람을 시켜 미행하면서 활동을 방해하기도 했습니다.

출도하다

5월 2일

암행을 떠난 지 한 달이 다 되었다. 아침 일찍 서리와 역졸들을 이끌고 관아로 들이닥쳤다. "암행어사 출도요!" 놀란 아전들이 이리저리 흩어지고 잠시 후에 나타난 수령의 얼굴 빛이 창백했다.

이곳 수령은 백성들에게 많은 원망을 듣고 있었다. 사실 여부를 확인하기 위해 관련된 문서를 모조리 가져오게 했다. 문서를 꼼꼼히 뒤져 불법을 자행한 문서를 가려냈더니 부당하게 세금을 많이 거두고 창고에 곡식을 쌓아 두고도 굶주린 백성들에게 나눠주지 않은 문제점이 발견되었다. 부득이 봉고하고 수령의 도장을 제출받아 관례에 따라 겸관에게 보냈다.

---

*봉고 : 비위 사실의 조사를 위해 관아의 창고를 봉쇄하는 일.
*겸관 : 수령 자리가 비었을 때 이웃 고을의 수령이 임시로 업무를 맡음.

5월 3일

다음 임무 수행지 마을에는 어둠을 이용해 들어갔다. 이곳 수령도 재물 욕심이 많고 탐욕스러워 백성들의 원망이 심하다는 소문이 들려왔다. 불시에 관아로 들어가 문서를 검토해 볼 계획이다.

5월 4일

새벽에 관아로 들이닥쳤다. 온갖 문서를 뒤져봤으나 백성들에게 들은 원망에 비해서는 별다른 문제를 발견하기는 어려웠다. 다음 목적지로 아침 일찍 떠나야 하기에 관아에 그대로 머물며 쉬기로 했다.

● 암행어사는 임금의 권한을 대리하는 신분이기에 막강한 권한을 가졌습니다. 그러나 출도하지 않거나 봉고를 하지 않는 것처럼 권한에 따른 업무를 제대로 행사하지 못하면 오히려 어사 본인이 처벌을 받는 경우도 있었습니다.

다시 길을 나서다

5월 5일

여비가 또 떨어졌다. 새벽에 일어나 집으로 여비가 부족하니 돈을 보내 달라는 편지를 써서 보냈다. 며칠 동안 이용했던 역마와 역졸을 돌려보내고, 새로운 말과 역졸이 왔다.

다음 목적지로 가는 길은 험난한 산을 지나야 했다. 산세가 가파르고 자갈길이 험해 말을 탈 수가 없었다. 힘겹게 걸어서 좁은 길과 재를 넘어 작은 마을에 도착해서 숙소를 어렵사리 구했다. 주인이 우리 일행을 의심했다.

"이 길은 나무하는 사람과 풀을 베는 사람들만 오가는 길인데 어찌하여 선비께서는 이 험한 산을 넘어 오셨습니까?"

"지리를 잘 아는 사람이 이 길을 가르쳐 주면서 길은 비록 험하지만 지름길이라고 알려주었습니다. 그래서 이 길로 들어선 것뿐입니다."

"들리는 말로는 암행어사가 인근 지역에 나타났다는데 혹시 그런 이야기를 들은 적이 있으십니까? 혹시 만나보시지는 않았나요?"

"그런 말을 듣기는 했습니다만, 어사가 어떻게 생겼는지도 모르는데 비록 길에서 만났다 하더라도 어떻게 알아볼 수 있겠습니까?"

5월 6일

또 한참을 걸어서 인근 마을에 도착했다. 오랜 걸음에 많이 피곤했지만 쉽게 잠이 들 수 없었다. 방이 없어 주인집 어린아이와 함께 자야 했고, 밤새도록 이와 빈대가 무는 바람에 고생했다. 거의 뜬눈으로 밤을 지새웠다.

5월 7일

새벽에 일어나보니 이와 빈대가 문 자국이 온몸에 가득했다. 끔찍한 밤이었다. 아침 일찍 출발해 주막에서 아침을 먹었다. 이때 어떤 노인이 지게를 내려놓고는 우리 일행을 힐끔 쳐다보았다.

잠시 후 우리가 묻지도 않은 말을 늘어놓기 시작했다. 이 고을 수령이 세금을 과하게 부과한다고 하였고, 올해 초부터 굶어 죽은 이가 많다고 한숨을 내쉬기도 했다. 낌새를 보아하니 노인은 우리를 암행어사로 여겨 하소연을 풀어내는 듯했다.

그러나 이곳은 임무 지역도 아니고, 암행어사 신분을 드러내는 것도 바람직하지 않은 일이었다. 노인의 넋두리를 애써 무시하고 일어섰다.

5월 8일

말에게 먹이를 먹이느라 잠시 휴식을 취하던 중 동네 사람들이 하는 이야기를 들었다.

"듣자 하니 암행어사가 조만간 우리 마을에 도착한다고 하네요. 어제 관아에서 채소를 구하던데 그게 다 어사를 대접하기 위해서라고 하던데요."

그들은 우리가 어사 일행인 줄 모르는 모양이다. 둘 다 얼굴이 푸석하게 부어 있어서 왜 그런지 물어보았다.

"밥을 먹지 못한 지 벌써 여러 날이 되어 이렇게 부었습니다."

"그렇다면 구호대상자 중에 들어 있지 않단 말이오?"

"명단에는 들어있습니다. 관아에서 조금 내어주는 것 말고는 달리 아무것도 먹을 것이 없습니다."

다음 날 아침 떠나면서 두 사람을 불러서 약간의 양식을 선물했다. 두 사람은 당황하면서도 감사 표시를 하면서 몸 둘 바를

몰라 했다.

5월 9일

낮에 길을 가는 중에 어떤 이가 길 옆에서 엎드려 있는데 하고 싶은 말이 있는 듯하였다. 말을 멈추고 물어보니 인근 고을 수령의 탐욕스러움을 일러 바쳤다.

5월 10일

강을 건널 때 나루터에서 만난 총각이 갑자기 수령이 잘못된 판결을 하고 재물 욕심이 과하다고 말하였다. 밤에는 절에서 머물렀는데, 여러 스님들의 말을 들으니 고을 수령의 정치는 그럭저럭 나쁘지 않으나 절 옆의 산골 밭을 1등급으로 매겨 세금을 많이 거둔 것은 잘못이라고 하였다.

밤에 배탈이 심하게 나서 밥을 먹을 수 없었다. 긴 여행에 많이 지쳤다. 흰 죽을 조금 먹고 밤새도록 땀을 흘렸다.

5월 11일

몸이 회복하지 않아 일찍 출발할 수 없었다. 오후 늦게 마을에 도착하니 노인 십수 명이 갑자기 나타나 말 앞을 가로막았다. 고을 수령이 덕이 많고 백성을 위한 일을 잘한다고 칭찬하였는데, 하는 말들이 왠지 자연스럽지 않아 거짓으로 지어낸 것 같다는 생각이 들었다.

저녁에 머문 숙소에서 만난 노인도 수령이 어떤지 묻자 잘한다는 칭찬이 그치지 않았다.

> ● 한 고을에 암행어사가 출도하면 그 소문은 인근 마을에 재빠르게 알려지기 마련입니다. 사람들은 이제 노골적으로 암행어사 일행에게 아는 척을 하거나 어려움과 억울함을 호소하기 시작합니다. 이 중에는 암행어사를 경계하기 위해 고을 수령의 지시를 받는 경우도 있었을 것입니다.

백성의 고통을 만나다

5월 12일

새벽에 길을 떠나 주막에서 아침을 먹었다. 그런데 거지 무리가 몰려와 주막 주위를 둘러싸고 먹다 남은 밥이라도 얻으려고 참담하게 울부짖었다. 비참한 모습을 차마 볼 수 없어 가슴이 미어졌다.

5월 13일

올해는 나라 전체가 흉년이 심했다. 지금 동네에는 농사짓는 곳이 아예 없었다. 지나가는 마을마다 황량하기만 하여 마치 큰 난리를 겪은 것 같았다. 백성들은 야생 풀과 나무 열매로 겨우 목숨을 연명하고 있었다. 닭과 개들도 굶주려 죽어서 닭 울음과 개 짖는 소리마저 들리지 않았다. 직접 보니 참담하였다.

5월 14일

마을에 들어가 어느 집에 들렀다. 여자와 아이들이 둘러앉아 밥을 먹는데, 반찬이라고 할 수 있는 것이 없었다. 주인 남자는 어디 있느냐고 물었더니 지금 배가 고파 힘이 없어 방 안에 누워 있다고 대답했다. 원래는 잠자리를 부탁하려고 했지만, 그냥 돌아 나왔다.

5월 15일

마을에 부잣집에 큰 불이 나서 몽땅 잿더미가 되어 있었다. 놀라 그 까닭을 물어보니 마을 사람이 대답했다.

"어젯밤에 집주인이 밥을 주지 않아 앙심을 품은 거지가 몰래 불을 질렀습니다."

사람들이 많이 모여 있었는데, 계속 구경하다가는 신분이 탄로가 날 것 같아서 서둘러 자리를 피했다. 흉년에 인심이 사나워졌다.

5월 16일

오후에 강에 도착했다. 방을 구해 저녁을 급하게 지어먹고 나룻배 사공에게 강을 건널 수 있는지 물어보았다.

"우리가 갈 길이 매우 바쁜데, 배를 지금 태워줄 수 있겠나?"

"제가 밥을 먹지 못한 지 벌써 하루가 지났습니다. 힘이 없어 도저히 노를 저을 수 없습니다. 남은 밥이라도 조금 있으시면 주실 수 있겠습니까?"

"자네 처지가 매우 딱하네. 그런데 우리에게도 쌀이 조금도 없으니 어떻게 하나?"

남은 말린 과자랑 담배를 주면서 거듭 부탁한 끝에 겨우 강을 건널 수 있었다.

- 암행어사의 주요 임무는 지방 수령들의 비리를 적발하는 것이 었지만, 지방을 돌아다니면서 백성들의 고통과 어려움을 직접 체감할 수 있었습니다. 대부분의 암행어사들은 지금까지 학문만 열심히 한 선비들이었기 때문에 백성들의 진짜 삶을 가까이서 볼 수 있는 좋은 기회였습니다.

- 암행어사들은 대부분 젊은 나이에 과거에 급제한 핵심 관원이었습니다. 암행어사의 경험은 이후 국가 운영에 참여하는 데 큰 자산이 되었을 것입니다.

다시 출도하다

5월 17일

새벽에 출발해서 인근 마을에서 아침을 먹은 후 곧바로 관아에 출도했다. 수령은 관졸들과 마당에 같이 있다가 어사가 출도했다는 말을 듣고 몸을 빼서 도망쳤다. 그러자 다른 하인들도 모두 도망쳐 순식간에 관아가 텅 비어 버렸다. 역졸을 시켜 모두들라 이르니 그때서야 하나둘씩 나타났다.

문서를 조사해 보니, 백성들의 말대로 세금을 기준보다 많이 거두고 있고 옥에도 무고한 죄인을 가두고 있다는 사실이 밝혀졌다. 봉고 조치를 실시했다.

5월 18일

하루종일 비가 많이 와서 마지막 목적지로 떠나지 못하고 관아에 머물렀다. 친분이 있는 지방 부사가 멀리서 찾아왔다.

"근래 이곳은 한 달 가까이 비가 오지 않아 논밭이 메말라서 모두 걱정이 깊었습니다. 그런데 오늘 이처럼 어사께서 오시자마자 때마침 큰비가 내렸으니 이 비를 어사우(御史雨)라고 부르는 것이 어떻겠습니까?"

"내가 어사이기는 하지만 어떻게 나 때문에 비가 왔다고 할 수 있겠습니까?"

어찌되었든 간에 기다리던 비가 왔다니 다행스러운 일이다.

*어사우(御史雨) : 중국 당나라 시절 극심한 가뭄이 들었을 때 감찰어사가 억울하게 옥살이하는 사람들을 풀어주자 비가 내렸고, 이를 '어사 비'라는 의미에서 어사우라고 부름.

5월 19일

비가 약간 그쳐 드디어 길을 떠났다. 성문 밖에 이르자 어떤 여인이 길을 막고 슬피 울면서 호소하였다.

"제 남편이 억울하게 누명을 쓰고 감옥에 갇힌 지가 여러 해가 되었습니다. 어사께서는 이 억울한 사정을 잘 살펴주셔서 제 남편을 풀어주시기 바랍니다."

얘기를 들어보니 임무 수행지가 아니어서 딱한 사정을 해결할 방법이 힘들어 보였다. 여러 마을을 지날 때마다 이 여인과 같이 억울한 사정을 호소하는 이가 많았다. 이것을 다 기억하지는 못하겠지만 중요한 것은 별단에 적어 놓아야겠다고 생각했다.

* 별단(別單) : 서계에 부족한 내용을 기록하여 덧붙이는 것으로 민정, 군정의 실정과 숨은 의로운 이야기나 효자의 행적 등을 기록함.

5월 20일

다음 마을에 도착했더니, 마을 언저리에서 동네의 부자가 나를 정중히 초대한다고 연락을 받았다. 가보니 지역 관아의 관리들로 보이는 사람들도 함께 있었다. 뭔가 꺼림직하다는 생각이

들었다. 자리를 사양하고 서둘러 그 집에서 나왔다.

5월 21일

점심 때쯤 어느 마을에 도착했더니 마을 사람들이 모두 논과 밭으로 일하러 가서 집이 다 비어 있었다. 한 집에 이르니 그 집도 들에 나가려던 참이었다. 우리는 그들을 붙잡고 공손히 부탁했다.

"아침 일찍부터 먼 곳에 걸어 온 나그네입니다. 마침 이 마을에 도착해 보니 아무도 없어 밥도 얻어먹지 못할 형편입니다. 부디 저희를 위해 밥이나 지어주고 가십시오."

그 말에 주인이 선뜻 응하고 우리에게 밥상을 차려 주었다. 상을 보니 산나물과 들나물로 반찬이 푸짐했다. 소박하지만 인심이 가득한 밥상에 눈물이 날 지경이었다.

5월 22일

마지막 마을 입구에 접어들어서 정자 아래에서 쉬고 있는데, 마을 수령이 찾아왔다. 이 고을에서는 미리 선문을 발송하고 저녁 때에 관아에 행차했다. 모든 관리들이 마당에서 기다리고 있었다.

---

*선문(先文) : 지방에 출장할 때 도착하는 날짜를 그곳에 미리 통지하는 공문.

5월 23일

관아에서 하루종일 문서를 살펴보았다. 작은 잘못이 몇 개 발견되기는 했으나, 큰 문제점은 아니었다. 내일부터는 다시 서울로 돌아가야 하는데 먼 길을 다시 떠나려는 걱정에 새벽이 다 되도록 잠이 쉽게 들지 않았다.

- 암행어사는 임무로 지정된 지역만을 대상으로 활동할 수 있었습니다. 설령 임무지가 아닌 곳의 문제점을 알게 되더라도 직접 조사할 수 없고, 왕에게 그 사실을 보고할 수 있을 뿐이었다고 합니다.

- 도착하는 날짜를 미리 알려주는 선문을 발급하는 것은 신분이 이미 노출된 경우에 업무를 효율적으로 수행하기 위해서거나 험준한 고개를 넘는 것과 같이 관청의 도움이 필요한 상황입니다. 그렇지만 암행어사의 선문 발급이 필요한지는 논란거리였습니다. 1581년(조선 선조 14년) 2월 왕과의 토론 자리에서 선문이 필요하다는 의견이 제기하자, 율곡 이이는 선문에 반대하였습니다. "어사가 만약 선문을 내고 다닌다면 절대로 불법 행위를 살필 수가 없습니다. 모름지기 비밀리에 다녀야 합니다."

임무를 마치다

5월 24일

아침을 먹고 짐을 챙겨 출발하였다.

5월 25일

하루 머물기로 한 관아에 밤늦게 옆 고을 수령이 술과 안주를 가지고 인사하러 왔다.

5월 26일

어두워진 뒤에 관아에 도착해 수령과 함께 저녁 식사를 했다. 귀한 술과 맛있는 안주를 대접받았다. 기분 좋은 하루였다.

5월 27일

낯선 마을 어귀에 머물 때 어떤 노인이 다가와서 말을 건넸다.

"지금 세상에 어찌 죄가 없는 사람이 있겠습니까? 암행어사의 행차 소식이 있은 뒤로부터는 마을에서 스스로 몸을 사려서 관리들이 오랫동안 나오지 않고 숨을 죽이고 있습니다. 어사가 평생토록 두루 다니면 힘없는 백성들도 편안하게 지낼 수 있게 될 것입니다."

분명 내가 암행어사라는 것을 알고 하는 말일 것이다. 별다른 답변은 하지 않았다.

5월 28일

돌아오는 길에 떠날 때 지났던 마을에 다시 들렀다. 사람이나 말이나 모두 긴 여행에 많이 지쳤다. 서계를 작성하면서 하루 더 휴식을 취하기로 했다.

---

*서계(書啓) : 암행어사 임무를 마친 후 수령의 비위와 치적을 기록하여 임금에 게 보고하는 문서.

5월 29일

숙소에서 서계와 별단을 작성했다. 백성들이 직접 준 호소문을 읽다 보니 고통과 힘겨움이 전해져 와서 마음이 아팠다.

5월 30일

아침 식사 후에 출발하여 오후 늦게 하루 머물 숙소에 도착하였다. 그곳 수령이 찾아와서 접대하였다. 즐거운 술자리였다.

- 암행어사 임무가 일단 끝나면 다른 지역의 관리들로부터 향응과 접대 유혹을 받았습니다. 앞길이 촉망받는 중앙의 젊은 어사와의 친분을 쌓기 위해 접근 기회를 노린 것으로 보입니다.

- 어사가 출도하면 이웃 마을 사람들까지 찾아와서 억울함을 호소했다고 합니다. 하루에 수백에서 많게는 천 명이 넘게 찾아와서 일을 하기 어려울 지경이었다고 합니다. 또한 암행어사가 검

토해야 할 청원서도 많았습니다. 각종 폐단의 시정이나 억울한 옥살이를 호소하는 것부터 고을 지위의 승격이나 과거 시험을 요청하는 내용까지 다양한 종류였다고 합니다.

서울로 돌아오다

5월 31일

큰비가 와서 길이 막혔다. 숙소에서 계속 머물렀다.

6월 1일

서울이 가까워졌다. 서계와 별단에 빠뜨린 것이 없는지 살펴보았다.

6월 2일

오후가 되어 서울에 도착했다. 궁궐에 들러 복명한 후에 집으로 돌아갔다. 나머지 사람들은 각자 자기 집으로 돌아갔다. 집에 도착하니 친척들이 안부를 물으러 찾아왔다.

두 달여 동안 먼 길을 큰 사고 없이 무사히 다녀와서 다행이다.

＊복명(復命) : 명령한 일을 마치고 돌아와서 결과를 보고하는 것.

6월 3일

궁궐에 들어가니 다른 지역에 파견되었던 암행어사 2명도 같이 와 있었다. 오랜만에 다시 만나니 옛 친구를 만난 반가운 마음이었다. 서로의 노고를 격려하며 이야기를 나누는 중에 임금께서 우리를 부르셨다.

"갔다 오는 길이 어떠하였는가?"

"별 일 없이 갔다 왔습니다."

"살피고 조사하는 일은 남김없이 모두 다 하였는가?"

"정성과 힘이 닿는 곳은 빠뜨림 없이 조사하였습니다."

"폐해를 보고하도록 하라."

"모든 폐해를 상세하게 말씀드릴 수 없어 서계와 별단을 작성해서 보고드립니다. 검토해 보시고 오랜 폐단은 반드시 고쳐주시기 바랍니다. 그리고 작년보다 흉년이 더 심해져서 민심이 험악하고 백성들이 많이 힘들어 하고 있습니다. 부디 널리 헤아려 주시기 바랍니다."

- 암행어사의 서계 제출은 필수 임무였지만, 별단 작성은 선택 사항이었습니다. 서계와 별단을 왕에게 직접 보고하는 것은 어사의 실력과 정치적 견해를 인정받을 수 있는 엄청난 기회였습니다. 어사 본인의 출세에 큰 영향을 미쳤다고 합니다.
- 암행어사는 여러 한계와 문제점이 있었지만, 350여 년 동안 운영된 효과가 뛰어난 지방 감찰 제도였습니다.

참고문헌

• 강대걸 외, 『사필-사론으로 본 조선왕조실록』, 한국고전번역원, 2016.
• 국회 헌법개정특별위원회, 『헌법 개정 주요 의제』, 2017.
• 권기환, 『공공감사, 알고 싶은 77가지 이야기』, 미래와 사람, 2020.
• 김명수 외, 『세계의 감사원』, 조명문화사, 2009.
• 박래겸, 『서수일기』, 조남권·박동욱 옮김, 푸른역사, 2013.
• 박만정, 『해서암행일기』, 윤세순 옮김, 서해문집, 2015.
• 박영규, 『조선 관청 기행』, 김영사, 2018.
• 변광석, 『우리 역사 속 부정부패 스캔들』, 위즈덤하우스, 2011.
• 성 현, 『용재총화』, 이대형 옮김, 서해문집, 2012.
• 이기환, 『흔적의 역사』, 책문, 2018.
• 이덕일, 『김종서와 조선의 눈물』, 옥당, 2010.
• 이성무, 『조선의 부정부패 어떻게 막았을까』, 청아출판사, 2000.
• 임병준, 『암행어사 이야기(상, 하)』, 전예원, 2000.
• 정구선, 『조선사 아는 척하기』, 팬덤북스, 2018.

• 김현영, 「이헌영의 '교수집략'을 통해 본 암행어사의 실상과 경상도 지방
  관」, 『영남학』 16, 2009.
• 박동욱, 「박래겸의 암행어사 일기 연구」, 『온지논집』 33, 2012.
• 박동욱, 「휴휴자 구강의 암행어사 일기 연구」, 『민족문화』 51, 2018.
• 송기호, 「왕의 눈, 암행어사」, 『대한토목학회지』 57, 2009.
• 오수창, 「암행어사 길」, 『역사비평』 73, 2005.
• 임병준, 「암행어사 제도의 운영 성과와 한계」, 『법사학연구』 24, 2001.

• 조광현, 『조선 후기 암행어사 문서 연구』, 한국학중앙연구원 박사학위논문, 2019.

• 최재해, 『감사원 역할의 변화 추이에 관한 연구』, 성균관대 박사학위논문, 2017.

• 홍혁기, 『사헌부의 감찰 기능』, 법제처, 1984.

• 강명관, 「탐관오리 불멸론」, 『한겨레』, 2008. 12. 13.

• 김삼웅의 인물열전, '다시 찾는 다산 정약용 평전', 「암행어사, 민생 살피고, 비리 척결」, 『오마이뉴스』, 2020. 9. 16.

• 김종성의 사극으로 역사읽기, 「암행어사 '깜짝쇼', 실제론 불가능했다」, 『오마이뉴스』, 2011. 5. 9.

• 김종성의 사극으로 역사읽기, 「"암행어사 출도요!"… 이몽룡의 뻥이었나」, 『오마이뉴스』, 2011. 5. 16.

• 박종인의 땅의 역사, 「연산군이 말했다 "왕을 능멸하는 사헌부 간부를 당장 국문하라"」, 『조선일보』, 2020. 1. 14.

• 역사의 땅, 사상의 고향, 「조선 최후의 문장가 이건창의 삶과 사상(상·하)」, 『경향신문』, 2008. 9. 26., 2008. 10. 3.

• 유성운의 역사정치, 「조선시대 때도 '공수처 전쟁'… 연산군은 제 발등 찍었다」, 『중앙일보』, 2019. 10. 27.

• 국사편찬위원회 전자사료관(http://history.go.kr)

• 문화콘텐츠닷컴(www.culturecontent.kr)

• 조선왕조실록(http://sillok.history.go.kr)

• 한국고전종합DB(https://db.itkc.or.kr)

• 한국민족문화대백과사전(http://encykorea.aks.ac.kr)

• 한국사데이터베이스(http://db.history.go.kr)

인물 찾아보기

권기환

감사원에서 일하고 있습니다.
연세대학교 행정학과를 졸업하고
2005년 제49회 행정고등고시 시험에 합격했습니다.
공공감사 제도와 절차, 감사의 역사와 미래 등
감사와 관련된 모든 것에 관심이 많습니다.
또 다른 책으로는 『공공감사, 알고 싶은 77가지 이야기』가 있습니다.
궁금한 점은 haninet3@naver.com으로 연락바랍니다.

진짜 암행어사, 우리가 몰랐던 이야기

2021년 3월 24일 초판 1쇄 펴냄
2021년 8월 20일 초판 2쇄 펴냄

지은이 권기환
펴낸이 김흥국
펴낸곳 보고사

책임편집 황효은
표지디자인 손정자

등록 1990년 12월 13일 제6-0429호
주소 경기도 파주시 회동길 337-15 보고사
전화 031-955-9797(대표), 02-922-5120~1(편집), 02-922-2246(영업)
팩스 02-922-6990
메일 kanapub3@naver.com/bogosabooks@naver.com
http://www.bogosabooks.co.kr

ISBN 979-11-6587-160-4 03910
ⓒ권기환, 2021

정가 15,000원